EDMUND HUSSERL

# Philosophie als strenge Wissenschaft

Mit einer Einleitung
herausgegeben von
Eduard Marbach

FELIX MEINER VERLAG
HAMBURG

PHILOSOPHISCHE BIBLIOTHEK BAND 603

Der Text „Philosophie als strenge Wissenschaft“ wurde entnommen aus *Husserliana. Edmund Husserl, Gesammelte Werke,* Band XXV (Aufsätze und Vorträge 1911–1921, mit ergänzenden Texten herausgegeben von Thomas Nenon und Hans Rainer Sepp, Martinus Nijhoff Publishers, Dordrecht, Boston, Lancaster 1987).

Bibliographische Information der Deutschen Nationalbibliothek

Die Deutsche Nationalbibliothek verzeichnet diese Publikation in der Deutschen Nationalbibliographie; detaillierte bibliographische Daten sind im Internet über ‹http://dnb.d-nb.de› abrufbar. ISBN 978-3-7873-1926-8

www.meiner.de

 Druck und Bindung: Hubert & Co., Göttingen. Gedruckt auf alterungsbeständigem Werkdruckpapier, hergestellt aus 100 % chlorfrei gebleichtem Zellstoff. Printed in Germany.

# INHALT



EDMUND HUSSERL

# EINLEITUNG

Der Text der programmatischen Schrift „Philosophie als strenge Wissenschaft“ entstand in wenigen Wochen um die Jahreswende 1910/1911 und bildete die erste größere Veröffentlichung Husserls seit den *Logischen Untersuchungen* von 1900/1901[1]; er wurde im März 1911 in Heft 3 des ersten Bandes der neugegründeten Zeitschrift mit Namen *Logos. Internationale Zeitschrift für Philosophie der Kultur* publiziert.[2] Im nachhinein betrachtet, ist man versucht zu sagen, der Aufsatz sei gleichsam ›beiläufig‹ zu einer Zeit verfaßt worden, in welcher Husserl schon eine Weile große Hoffnungen auf einen baldigen Abschluß von langer Hand vorbereiteter

[1] Vgl. Editorischer Bericht, unten S. XLVII f.

[2] Das erste Heft des *Logos. Internationale Zeitschrift für Philosophie der Kultur* erschien 1910. Die neugegründete Zeitschrift wurde ursprünglich von Georg Mehlis herausgegeben, „Unter Mitwirkung von Rudolf Eucken, Otto von Gierke, Edmund Husserl, Friedrich Meinecke, Heinrich Rickert, Georg Simmel, Ernst Troeltsch, Max Weber, Wilhelm Windelband, Heinrich Wölfflin“; seit Band III (1912) war Richard Kroner neben Georg Mehlis Mitherausgeber; ab Band XIII (1924/25) dann Alleinherausgeber. Das letzte Heft des Jahrgangs XXII erschien 1933. Richard Kroner wurde von seinem Kieler Lehrstuhl vertrieben, Hans-Georg Gadamer sein Nachfolger, und 1934 erschien der erste Band der Nachfolgezeitschrift, bezeichnenderweise als *Zeitschrift für Deutsche Kulturphilosophie. Neue Folge des ‚Logos‘*, hrsg. von Hermann Glockner und Karl Larenz; deren letzter Band 10 erschien 1944. Vgl. Harald Homann, „Die ‚Philosophie der Kultur‘. Zum Programm des ‚Logos‘“, in Ernst Wolfgang Orth/Helmut Holzhey (Hrsg.), *Neukantianismus. Perspektiven und Probleme*, Königshausen und Neumann, Würzburg 1994, S. 88–112. Siehe auch J. N. Mohanty, *The Philosophy of Edmund Husserl. A Historical Development*, Yale University Press, New Haven & London 2008, vor allem p. 340, “A Note on the Origin of the Logos Essay”, wo ich auf Homanns instruktiven Beitrag aufmerksam geworden bin.

*anderer* Arbeiten gesetzt hatte. Inzwischen aus dem Nachlaß veröffentlichte umfangreiche Manuskripte belegen zudem eindrücklich die Spannweite von Husserls Produktivität in jenen Monaten des Wintersemesters 1910/11.[3]

Trotz der erstaunlich kurzen Zeit der schriftlichen Fixierung – übrigens kein Einzelfall, auch das Erste Buch der *Ideen* von 1913 und später die *Formale und transzendentale Logik* von 1929 wurden in wenigen Wochen zu Papier gebracht – entwickelt Husserls *Logos*-Artikel eine beeindrukkende Fülle von Gedanken, welche für sein Schaffen von zentraler Bedeutung waren. Wie in dieser Einleitung angedeutet wird (vgl. Abschnitt III), enthält der Text insbesondere Argumente von unverminderter Aktualität für die gegenwärtige Diskussion innerhalb der *Philosophie des Geistes* und speziell des *Bewußtseins* sowie zur Bestimmung des *Verhältnisses von Philosophie und wissenschaftlicher Psychologie und Psychophysik*. Aber auch Husserls Eintreten für eine *rationale Weltanschauung*, welches ihn in seiner ganzen Persönlichkeit geprägt hat, kommt in vorliegendem Text eindrücklich zur Geltung und dürfte gerade auch in der heutigen politisch-sozialen Situation brisant bleiben, in welcher Fundamentalismen und Fanatismen verschiedener Ausprägung oft genug ein Klima der Irrationalität schaffen, das ein nach Vernunftnormen geregeltes und verantwortetes einzelpersonales und gemeinschaftliches Leben erschwert.

[3] Vgl. die in jener Zeit verfaßten Stücke der beiden Vorlesungen „Grundprobleme der Phänomenologie“, WS 1910/11, und „Logik als Theorie der Erkenntnis“, WS 1910/11, sowie in deren Umkreis entstandene kleinere Texte, die alle in den *Husserliana* zugänglich gemacht worden sind, in Hua XIII, 1973, *Zur Phänomenologie der Intersubjektivität. Texte aus dem Nachlass. Erster Teil: 1905–1920*, hrsg. von Iso Kern, bzw. in Hua XXX, 1996, *Logik und allgemeine Wissenschaftstheorie. Vorlesungen 1917/18 mit ergänzenden Texten aus der ersten Fassung von 1910/11*, hrsg. von Ursula Panzer. – Siehe auch u. S. XI, Anm. 9.

## I.

In einem Brief vom 8. XII. 1909 an den Freiburger Privatdozenten Richard Kroner, „der eigentlich die treibende Kraft hinter der Gründung des ‚Logos' war",[4] hatte Husserl ihm „und den übrigen Herren der Redaktion" „für die liebenswürdige und ehrende Aufforderung zur Mitarbeit am geplanten ‚Logos'" gedankt und schon damals Zweifel an einem baldigen eigenen Beitrag für die Zeitschrift angedeutet. Er schrieb: „Wo Männer wie Rickert u. Windelband ein philosophisches Unternehmen unter Schutz und Schirm nehmen, werde ich natürlich nicht nein sagen. Freilich, ob Sie (solange meine umfassenden Arbeiten nicht zu Drucke gekommen sind) auf meine Fruchtbarkeit sehr zählen dürfen, ist zweifelhaft. Eigentliche *Verpflichtungen* darf ich jetzt nicht übernehmen, so gerne ich Ihre gute u. schöne Sache – nach Kräften – fördern will". Bemerkenswerterweise fügte Husserl noch an: „Logos, Zeitschrift für Philosophie der Kultur? Ist das nicht zu begrenzt? Also dürfte man über Theorie der Erfahrung u. dgl. darin nicht sprechen, es sei denn um der Kulturprobleme willen?"[5]

Heinrich Rickert gegenüber bedankte sich Husserl einige Wochen später in einem Brief vom 25. Januar 1910 für die „in so freundliche Worte gefaßte und mich sehr ehrende Bitte um öffentlich zu bekundende ‚Mitwirkung' an der Herausgabe des ‚Logos'". Und er fuhr fort, wohl unter Anspielung auf für ihn nicht nur erfreuliche Verhältnisse in Göttingen: „Ich weiß nun freilich nicht, ob ich einsamer Sinnierer und Minierer gut daran tue, mich (u. gerade in meiner gegenwärtigen Situa-

[4] Vgl. H. Homann (1994), Absatz „2. Die Gründung des ‚Logos'", S. 103 ff., Zitat S. 103.

[5] Edmund Husserl *Briefwechsel*, Bd. V, *Die Neukantianer*, In Verbindung mit Elisabeth Schuhmann hrsg. von Karl Schuhmann, Kluwer Academic Publishers, Dordrecht 1994, S. 27. Die in der kritischen Briefedition eigens nachgewiesenen Wortergänzungen in Keilklammern werden in dieser Einleitung nicht als solche gekennzeichnet und Husserls Schreibweise wird heutiger Orthographie angepaßt.

tion) an öffentlichen Aktionen zu beteiligen und mir, in unvermeidlicher Konsequenz, die Abfassung irgend welcher Beiträge für die Zeitschrift aufzuerlegen". Mit Blick auf seinen etwa ein Jahr später verfaßten, in dieser Studienausgabe vorgelegten Beitrag „Philosophie als strenge Wissenschaft" ist besonders interessant, was Husserl im weiteren zur Situation philosophischer Zeitschriften an Rickert noch beifügte, wobei daran erinnert sei, daß Husserl selbst sich ja auch seit einigen Jahren mit der „Frage einer zu begründenden Zeitschrift für phänomenologische Philosophie" befaßt hatte.[6] So schrieb er: „Im Ganzen habe ich einen wahren Horror vor allem, was philosophische Zeitschrift heißt, nämlich in Hinblick auf unsere (zumal die deutsche) Zeitschriftenliteratur. Wenn ich die neu erschienenen Hefte durchblättere, *schäme* ich mich regelmäßig: was sich da als ‚wissenschaftliche Arbeit' ausgibt: und mit Kummer muß ich der wenig verhüllten Verachtung ein gewisses Recht zubilligen, mit der die Vertreter ‚exakter' Wissenschaften der Philosophie, sofern sie andres sein will denn experimentelle Psychologie, begegnen". Und aus Goethes *Faust* zitierend fügt er bei: „‚Es möchte kein Hund so länger leben'! – besonders als Mitglied einer ‚philosophischen' Fakultät". Husserl hoffte, es werde „gelingen dem Logos ein höheres Niveau zu geben, daß er seinem unübertrefflichen Namen Ehre mache";[7] leicht sei es nicht, und erst die Erfahrung werde es beantworten, „ob sich genug ern-

[6] Vgl. Edmund Husserl *Briefwechsel*, Bd. II, *Die Münchener Phänomenologen*, Husserl an Daubert, 26. VIII. 1907, S. 56, wo noch von „in zwanglosen Heften" die Rede war, woraus dann aber, beginnend im Jahre 1913, Husserls „Jahrbuch für Philosophie und phänomenologische Forschung" geworden ist (vgl. zur Entstehungsgeschichte Karl Schuhmann, Einleitung des Herausgebers in Edmund Husserl, *Ideen zu einer reinen Phänomenologie und phänomenologischen Philosophie,* Hua, Band III/1, Den Haag Martinus Nijhoff, 1976, S. XXV ff.)

[7] An Richard Kroner hatte Husserl seinen Brief mit „besten Wünschen für ein Glücken des Logos (damit wir endlich eine philosophische Zeitschrift bekommen, in der wirklich der Logos zu Worte u. zu Segen kommt)" (a. a. O., S. 27), beschlossen.

ste Mitarbeiter finden werden, die wirklich Selbstgedachtes und darum Lehrreiches zu bieten haben". Und ähnlich wie bereits einige Wochen zuvor Richard Kroner gegenüber, schreibt Husserl auch an Rickert: „Mir selbst soll es an gutem Willen zu fördern, nicht fehlen, soweit ich in einer Zeit des Zusammenschlusses und Abschlusses vieljähriger Arbeiten irgend vermag".[8] In einer Anmerkung in Husserls *Logos*-Artikel von 1911 wird es bezüglich dieser Arbeiten dann heißen: „Ich hoffe die inzwischen allseitig gefestigten und zu umfassenden systematischen Einheiten gediehenen Forschungen zur Phänomenologie und phänomenologischen Kritik der Vernunft in nicht zu ferner Zeit der weiteren Öffentlichkeit vorlegen zu können" (unten S. 43 Anm. 32); wenigstens ein Teil davon kam dann 1913 im Ersten Buch der *Ideen zu einer reinen Phänomenologie und phänomenologischen Philosophie. Allgemeine Einführung in die reine Phänomenologie* zur Veröffentlichung![9]

In einem Brief vom 28. VI. 1911, einige Monate nach dem Erscheinen von Husserls Aufsatz, hat Rickert sich bei Husserl „für die liebenswürdige Zusendung des Logos-Aufsatzes" bedankt. Es habe ihn, schreibt er weiter, „ganz außerordentlich gefreut, Sie unter den Mitarbeitern dieser Zeitschrift begrüßen zu können", und am Ende des Schreibens fragt er: „Haben Sie nicht Lust wieder einmal etwas für den Logos zu schreiben? Wir Alle hier in Freiburg würden uns sehr darüber freuen".[10] Husserls Beitrag von 1911 blieb indessen seine einzige Veröffentlichung im *Logos*. Auch an der weiteren Gestaltung der Zeitschrift als bis 1933 jeweils genannter Mitherausgeber scheint er keinen Anteil mehr genommen zu

8 Edmund Husserl *Briefwechsel*, Bd. V, *Die Neukantianer*, S. 169.

9 Zu Husserls Publikationsplänen und mehrmals wechselnden Arbeitsmethoden in jenen Jahren bis zum Erscheinen des „Ersten Buches" der *Ideen* im I. Band des von ihm begründeten „Jahrbuchs für Philosophie und phänomenologische Forschung" im Jahre 1913 vergleiche die Einleitung des Herausgebers Karl Schuhmann, in *Hua* III/1, Den Haag Martinus Nijhoff, 1976, v. a. S. XVI–XXXIII.

10 Edmund Husserl *Briefwechsel*, Bd. V, *Die Neukantianer*, S. 170f.

haben. Ein Briefwechsel zwischen Husserl und Hugo Dingler, einem seiner Schüler aus den frühen Göttinger Jahren, gibt dazu ein aufschlußreiches Zeugnis. Dingler, der für seine *Grundlagen der Naturphilosophie* gerne im *Logos* eine Rezension gesehen hätte, bat Husserl in einem Brief vom 8. XI. 1913 darum, eine solche zu veranlassen, in der Meinung, daß ihm dies „als einem der prominentesten Mitredakteure der Zeitschrift durch eine einfache Postkarte möglich" sei.[11] Wenige Tage später antwortete ihm Husserl, mit der Erfüllung seines Wunsches gehe es nicht so einfach, wie er voraussetze, und erklärte: „Nämlich mit der wirklichen Redaktion des Logos habe ich gar nichts zu tun und das einzige Mal, als ich einen Aufsatz (eines zur Phänomenologie übergegangenen Psychologen) empfahl, wurde die Empfehlung *nicht* berücksichtigt."[12] Dingler hatte seine Bitte an Husserl mit dem Hinweis vorgetragen, er glaube doch, wenn auch einige seiner Darlegungen, was ja „gar nichts Ungewöhnliches" sei, „vielleicht bei manchen nicht völliger Zustimmung begegnen mögen", daß gerade das, was er Husserl verdanke, „und was ja auch in weiten Teilen die Grundtendenz der genannten Zeitschrift bildet", einen so weitgehenden Ausdruck in seiner Schrift gefunden habe, daß er sicher sei, Husserl werde ihm seine Bitte nicht abschlagen (a. a. O., S. 70). Doch in seiner Antwort gab Husserl Dingler gegenüber Folgendes zu bedenken: „Ihre warmen Hinweise auf Mach, Ihre Widmung an Ostwald, Ihre Mitwirkung bei der positivistischen Zeitschrift ⟨*Annalen der Naturphilosophie*⟩ usw. – all das wird auf die Logosmänner (Rickertsche Schule!) wie eine ganze Serie roter Tücher wirken. [...] Ich glaube, es gäbe nochmals eine Ablehnung und dann wohl eine Verstimmung, die einen Austritt aus der nominalen Mitredaktion fordern würde. Ich möchte aber nicht gern meine Feinde, an denen es mir ja durchaus nicht fehlt, vermehren, ohne doch etwas nützen zu können.

[11] Edmund Husserl *Briefwechsel*, Bd. III, *Die Göttinger Schule*, Briefentwurf von Dingler, S. 70.

[12] Ebd., Husserl an Dingler, 12. XI. 1913, S. 70 f.

So ist die Situation und Sie sehen, ich kann daran nicht rühren".[13]

Etwas von der negativen Wirkung, welche Husserl durch die Veröffentlichung seines *Logos*-Artikels in manchen Kreisen ausgelöst hatte, klingt auch in einem Brief vom 2. 10. 1912 an seinen Bruder Heinrich nach. Er schreibt diesem zu einer Zeit, in welcher er vollauf mit der Arbeit an den *Ideen* beschäftigt war: „Das Programm einer neuen Wissenschaft – der Grundwissenschaft überhaupt, ist keine Kleinigkeit und ich muß mich kurios zusammennehmen, da die Tagesphilosophen auf den kleinsten Lapsus lauern, um mir was zu versetzen. Der *Logos*-Artikel hat schon genug böses Blut gemacht: aber Respekt hat man, es steht ja schon was darin".[14]

Neben dem dabei auch bekundeten verhaltenen Stolz auf die Schrift gibt es von Husserl selbst, und sogar bis in seine letzten Lebensjahre, auch unterschiedlich abschwächende Äußerungen über ihren Gehalt und ihre Bedeutung für seine Philosophie. So etwa, wenn er an den Dilthey-Schüler Georg Misch vom „vergröbernden *Logos*-Artikel, der ‚populär' sein sollte (!)", schrieb[15] oder an seinen amerikanischen Schüler Marvin Farber, im Zusammenhang einer Erläuterung zur Epoché von der ständigen Seinsgeltung der Welt, wie sie in der Phänomenologie vollzogen werde: „Übrigens, den *Logos*-Artikel dürfen Sie nur mit Vorsicht heranziehen, da dort von

13 A. a. O., S. 71. Vgl. auch etwa Husserls Schreiben an Rickert vom 21. XI. 1912, in welchem er seine volle Unterstützung für Rickerts Initiative zu einem Aufruf zugunsten der Erhaltung philosophischer Lehrstühle zum Ausdruck brachte und dabei schrieb: „Wie ich in diesen Sachen denke, habe ich im Logosartikel zu scharfem Ausdruck gebracht, und mit dem vollen Bewußtsein der Summe an Feindschaft, die ich auf mich laden würde – an der es nun auch nicht fehlt" (vgl. Edmund Husserl *Briefwechsel*, Bd. V, *Die Neukantianer*, S. 172, Anm. 10 und S. 173).

14 Edmund Husserl *Briefwechsel*, Bd. IX, *Familienbriefe*, S. 287 f.

15 Edmund Husserl *Briefwechsel*, Bd. VI, *Philosophenbriefe*, an Misch, 3. VIII. 1929, S. 277.

der phänomenologischen Reduktion kein Gebrauch gemacht ist".[16]

Andererseits, etwa in einem Brief an den schwedischen Philosophen Adolf Phalén, dessen Werk *Das Erkenntnisproblem in Hegels Philosophie. Die Erkenntniskritik als Metaphysik*, Uppsala 1912, Husserl geschenkt erhalten hatte, schrieb er einladend: „Sehr erfreuen würde es mich, wenn Sie einmal noch Zeit fänden, meinem programmatischen Aufsatz im Logos, Bd. I sowie dem [...] *zweiten* Band meiner Logischen Untersuchungen (1901) Ihre Aufmerksamkeit zuzuwenden. Es ist mir so, als ob diese Schriften gerade Ihnen etwas sagen könnten".[17] Und an den Amerikaner William E. Hocking, der im Wintersemester 1902/03 einen Studienaufenthalt in Göttingen verbracht hatte, schrieb Husserl am 7. Juli 1912, also zu der Zeit, als er mit Vorbereitungen für das Erste Buch der *Ideen* beschäftigt war, er habe seit seinen *Logischen Untersuchungen* „(die seit Jahren vergriffen sind) fast nichts veröffentlicht", und er fragt, „Haben Sie vielleicht meinen Artikel ‚Philosophie als strenge Wissenschaft' im ‚Logos' Band I gesehen? Da er eine allgemeine Charakteristik meiner Intentionen gibt, dürfte er Sie interessieren".[18]

Etwas mehr über diese Intentionen erfährt man aus der „Selbstdarstellung" in dem unter Husserls Namen erschienenen, von seinem damaligen Assistenten Eugen Fink verfaßten Artikel im *Philosophen-Lexikon*, Berlin 1937; da ist zu lesen: „Im Jahre 1911 erschien als vorläufige programmatische Umzeichnung des universalphilosophischen Sinnes der neuen Phänomenologie im *Logos*, I, der vielbeachtete Aufsatz „Philosophie als strenge Wissenschaft". Gegen die überhandnehmende Verwirrung der Ziele einer Weltanschauungsphi-

[16] Edmund Husserl *Briefwechsel*, Bd. IV, *Die Freiburger Schüler*, an Farber, 18. VI. 1937, S. 83.

[17] Edmund Husserl *Briefwechsel*, Bd. VI, *Philosophenbriefe*, an Adolf Phalén vom 7. VI. 1912, S. 327.

[18] Edmund Husserl *Briefwechsel*, Bd. III, *Die Göttinger Schule*, an Hocking, 7. VII. 1912, S. 160.

losophie (als richtunggebender für den in der Endlichkeit stehenden praktischen Menschen) und einer wissenschaftlichen Philosophie tritt Husserl für das ewige Recht der letzteren ein, ihren echten Sinn neu bestimmend. Im Kampf mit dem sensualistischen Naturalismus und andererseits dem Historismus – gegen die Naturalisierung des Bewußtseins auf der einen Seite und den historischen Anthropologismus auf der anderen – wird die Notwendigkeit einer universalen Phänomenologie der Intentionalität als Fundament für eine wahre Psychologie und Geisteswissenschaft und für eine universale Philosophie gezeichnet."[19]

## II.

Auf den einleitenden Seiten in Husserls Beitrag zum *Logos. Internationale Zeitschrift für Philosophie der Kultur* von 1911 ist zu lesen: „Die nachfolgenden Ausführungen sind von dem Gedanken getragen, daß die höchsten Interessen menschlicher Kultur die Ausbildung einer streng wissenschaftlichen Philosophie fordern; daß somit, wenn eine philosophische Umwendung in unserer Zeit Recht haben soll, sie jedenfalls von der Intention auf eine Neubegründung der Philosophie im Sinne strenger Wissenschaft beseelt sein muß" (u. S. 8). Es scheint, daß Husserl die an Richard Kroner gerichtete Frage, ob „Philosophie der Kultur [...] nicht zu begrenzt" sei, auf seine Weise produktiv selbst beantwortet hat, indem er „um der Kulturprobleme willen" (oben S. IX) die Intention auf Neubegründung der Philosophie *im Sinne strenger Wissenschaft* ins Zentrum seines Beitrages rückte.

19 Edmund Husserl, <Selbstdarstellung im Philosophen-Lexikon>, in *Aufsätze und Vorträge (1922–1937)*, mit Ergänzenden Texten hrsg. von Thomas Nenon und Hans Rainer Sepp, *Husserliana* XXVII, Kluwer Academic Publishers, Dordrecht/Boston/London 1989, S. 245–254, Zitat S. 250 f.

Die Frage drängt sich vorab auf, was Husserl unter „strenger Wissenschaft“ verstanden wissen wollte. Es waren in seinem Denken von früh an und durchgehend wohl zwei Motive für seine Auffassung maßgebend, zum einen ein als wissenschaftsphilosophisches zu bezeichnendes und zum anderen ein mit dem Ethos seiner Persönlichkeit verbundenes Motiv.

In wissenschaftsphilosophischer Hinsicht spielte zweifellos die *Mathematik* eine prägende Rolle. Bekanntlich studierte Husserl noch vor seiner Hinwendung zur Philosophie während einiger Jahre „ausschließlich und berufsmäßig Mathematik und exakte Naturwissenschaft“[20]. In Husserls erster Vorlesung, „Einleitung in die Erkenntnistheorie und Metaphysik“, die er als eben habilitierter Privatdozent im Wintersemester 1887/88 an der Universität Halle hielt, findet sich ein geschichtlicher Überblick über die Philosophie der Mathematik, der für den jetzigen Kontext aufschlussreiche Äußerungen enthält.[21] Auf dem Gebiet der Mathematik, so lehre uns die Geschichte, „gewann das menschliche Erkenntnisstreben zum ersten Mal die Lorbeeren sicherer Erkenntnis, hier fand es zum ersten Mal jene *aeterna veritas* und jene sicheren Erkenntnismethoden, die das vorbildliche Ziel für alle Wissenschaft waren und immer sein werden“ (S. 216). Nicht jede Anhäufung von bloßer Tatsachenkenntnis sei Wissenschaft, „sondern Erkenntnis aus dem Grunde, Einsicht in die Gesetze macht das Wesen der Wissenschaft aus“. Darum nenne man

[20] Edmund Husserl *Briefwechsel*, Bd. VI, *Philosophenbriefe*, an E. Parl Welch, 17./21. VI. 1933, S. 460 f. – Eine höchst lehrreiche Studie, welche frühe Arbeiten Husserls auf dem Gebiet der Logik und der Philosophie der Mathematik als im Kontext der damaligen Diskussionen originelle und innovative Beiträge würdigt, bietet Stefania Centrone in *Logic and Philosophy of Mathematics in the Early Husserl*, Series: Synthese Library Vol. 345, Springer 2009.

[21] Edmund Husserl, *Studien zur Arithmetik und Geometrie. Texte aus dem Nachlass 1886–1901*, hrsg. von Ingeborg Strohmeyer, *Husserliana* XXI, Martinus Nijhoff Publishers, The Hague, 1983. Darin „<Geschichtlicher Überblick über die Philosophie der Mathematik (WS 1887/88)>“, S. 216–233.

„die älteste Astronomie, die älteste Naturbeschreibung, nicht Wissenschaft“, und ebensowenig nenne man „die Naturphilosophie der alten Jonier, die Zahlenmystik des Pythagoras, die Metaphysik der Eleaten Wissenschaft. Denn das leidenschaftliche Streben nach Erkenntnis, das sich in dunklen Irrwegen betätigte, ohne sicheren Maßstab für Wahrheit und Irrtum, ohne Fortschritt gewährende Erkenntnismethoden, ist nicht Wissenschaft. Legen wir also *diesen strengen Begriff der Wissenschaft* zugrunde, dann ist es sicher, daß *die Mathematik die erste aller Wissenschaften* ist“ (ebd., S. 216, meine Hervorhebung). Kein anderes Beispiel als Pythagoras, meint Husserl, könnte er finden, um „die Überlegenheit der Mathematik schon in ihren ersten Anfängen über die Philosophie, die man mit einem gewissen Recht die Mutter aller Wissenschaften nannte“, besser zur Einsicht zu bringen: „derselbe Pythagoras, welcher jenen berühmten Fundamentalsatz der Geometrie des Maßes entdeckte“, sei auch „der Begründer jener trüben Zahlenmystik“ (ebd., S. 217). In Sätzen, die gedanklich an die einleitenden Seiten des über zwanzig Jahre späteren *Logos*-Artikels erinnern, führte Husserl bereits damals aus: „Und ähnlich verhält es sich noch durch Jahrhunderte, und fast möchte ich sagen, Jahrtausende. Die Philosophie schritt fort, indem sich System an System anreihte, von denen das eine zerstörte, was das andere mühsam aufgebaut. Die Mathematik schritt fort, indem sich Lehrsatz an Lehrsatz anreihte. Ein Fundament nach dem anderen wurde gelegt für den stolzen Bau [...] Hier gibt es keine Systeme, Ansichten, Standpunkte, hier ist alles Wahrheit verbunden mit Einsicht. Die Evidenz ist der Ägisschild, mit dem die Mathematik den alles zersetzenden Skeptizismus blendet und in seiner Nichtigkeit zu Boden streckt“ (ebd., S. 217; vgl. unten, S. 3 ff.).

In seinen weiteren Ausführungen stellt Husserl heraus, daß von alters her der „Wunsch, auch die anderen Wissenschaften, vor allem die Philosophie, wenn möglich durch gleichartige, gleich sichere Methoden zu fördern, auf eine ebenso hohe Entwicklungsstufe zu heben“, nahe gelegen habe, „und so entstand ein immer tiefer empfundenes Bedürfnis nach einem richtigen Verständnis der Methoden, denen die Mathematik ihre Blüte verdankt" (ebd., S. 218). In der Entwicklung der neueren Philosophie bei Descartes, Leibniz, Spinoza, Hume, Kant u. a. führte „das Streben nach einer wissenschaftlichen Fundierung der philosophischen Disziplinen [...] zur logischen Betrachtung der Mathematik als der einzig sicheren und exakten Wissenschaft. Im Hinblick auf sie sucht die Philosophie sich zu orientieren, sichere Haltung und wissenschaftliche Methode zu gewinnen" (ebd., S. 227, et passim). Von großer Bedeutung war es dabei in Husserls Auffassung auch, sich „klar darüber [zu] werden, ob und inwiefern" die Methoden der Mathematik „in Wahrheit auf außermathematische Gebiete übertragbar, ob sie nicht vielmehr durch die Natur der mathematischen Objekte ausschließlich bedingt seien" (ebd., S. 221; vgl. auch S. 218).

Husserl hatte einen ausgeprägten Sinn für wesentliche Unterschiede der Gegenstände wissenschaftlicher Disziplinen. Man kann wohl sagen, daß es durch und durch zu seiner Denkhaltung gehörte, *den jeweiligen Gegenständen* – etwa mathematischer, naturwissenschaftlicher oder philosophischer Forschung – *angemessene Methoden* zu fordern, auf deren Grundlage die entscheidenden *Probleme* formuliert und *objektive* Aussagen, die wahr oder falsch sein können, über das betreffende Sachgebiet gemacht werden. Diese Sachlichkeit, ursprünglich ausgebildet in seinen mathematischen und logischen Studien, wollte Husserl stets auch in seiner phänomenologischen Philosophie mit Beziehung auf die dort zu erforschenden Gegenstände zum Tragen bringen. Dies kommt eindringlich, mit Nachklängen aus dem *Logos*-Artikel, etwa in einem großen Brief an Arnold Metzger aus dem Jahre 1919 zum Ausdruck. Husserl schreibt: „Aber nun fand ich, durch einen Weierstrass u. seine wurzelechteste Mathematik zu intellektueller Reinlichkeit erzogen, daß die zeitgenössische Philosophie, die mit ihrer Wissenschaftlichkeit so groß tat, völlig versagte und so der Idee der Philosophie – radikalst redliche Vollendung aller Wissenschaft sein zu sollen – Hohn sprach. Und nicht nur die damalige, auch alle historisch überkommene Philosophie versagte – überall Unklarheit, unausgereifte Vagheit, Halbheit, wo nicht gar intellektuelle Unredlichkeit. Nichts, was man hinnehmen, als Stück, als Anfang ernster Wissenschaft gelten lassen konnte".[22] Und später im gleichen Brief bringt Husserl die hier relevante Verwandtschaft des mathematischen und des phänomenologischen Verfahrens wie folgt zum Ausdruck: „Es ist, pflege ich zu sagen, der Stolz der transzendentalen Phänomenologie und ihr Kennzeichen als strenge Wissenschaft, daß in ihr falsche Sätze möglich sind, falsche im strengen Sinn der Logik, die jeweils an u. gegen Wahrheiten sich ausweisen. Nebulöse Unklarheit ist jenseits von logisch wahr und falsch u. das trifft ziemlich die ganze bisherige Philosophie. Das Alles ist wohl – und im Geiste echter Bescheidenheit zu verstehen. Ich spreche von der Phänomenologie wie der Mathematiker von der Mathematik: daß sie *echte* Wissenschaft, geschöpft aus reiner Evidenz ist, ein Feld möglicher wahrer u. falscher Sätze – Allen Skeptikern u. unklaren Philosophen zu Trotz spricht er so, denn er ‚*sieht*'" (ebd., S. 413 f.).

Das aus dem *Ethos* von Husserls *Persönlichkeit* erwachsene Motiv, Philosophie im Sinne strenger Wissenschaft neu begründen zu wollen, läßt sich ebenfalls schon früh in seinem Werdegang und bis in die letzten Lebensjahre fassen.[23] In dieser Hinsicht hängt die Idee strenger Wissenschaft mit dem bei Husserl tief verankerten Bedürfnis nach einer objektiv

[22] Edmund Husserl *Briefwechsel*, Bd. IV, *Die Freiburger Schüler*, an Arnold Metzger, 4. September 1919, S. 408 f.

[23] Eine breit auf den gesamten Briefwechsel abgestützte Skizze zu Husserls Existenz und Persönlichkeit geben Elisabeth Schuhmann und Karl Schuhmann in der „Einführung in die Ausgabe" des Briefwechsels, Band X, 1994, S. 1–46. Daraus wird sehr deutlich, daß Husserl seine „Lebensarbeit" oder „Lebensaufgabe", von welcher er in Briefen schon um 1905, emphatischer dann ab 1908 zu sprechen pflegte, „in der rückhaltlos gelebten Hingabe an die überwältigende Aufgabe der Heraufführung einer streng wissenschaftlichen Philosophie" (a. a. O., S. 5, 8) gesehen hat.

*festen und sicheren Grundlage*, einem festen Arbeitsboden zusammen, aber auch mit seinem Willen zu *intellektueller Redlichkeit* oder *Reinlichkeit*, der in ihm von vorbildlichen Lehrern wie dem Mathematiker Karl Weierstrass und dem Philosophen Franz Brentano geweckt wurde. Einige Dokumente mögen diese Aspekte veranschaulichen. So ist zum Beispiel über den Gang seiner Arbeit, in welcher er sein „Glück" finde, in einem Brief vom 22. 12. 1896 an seinen Freund aus der Hallenser Zeit, Hans von Arnim, zu lesen: „Dieses zähe *Ringen nach festen Haltepunkten*, nach einer *sicheren Basis, nach einem Stück echter Wissenschaft* (als etwas, das nicht erfunden, gemacht, sondern als an sich seiendes nur gefunden werden kann), dieser Kampf gegen all die Standpunkte und Quasi-Theorien, die sich im Grunde selbst nicht als objektiv bindend ausgeben – da liegt die Entscheidung über Erfolg und Mißerfolg, Glück und Unglück meines Lebens…".[24] Im bereits zitierten späten Brief an E. Parl Welch schreibt Husserl, daß er „sicherlich von dem Geiste des Radikalismus der Weierstrass'schen Vorlesungen Einfluß erfahren" habe.[25] Und in seinen „Erinnerungen an Franz Brentano" aus dem Jahre 1919 hält Husserl fest: „In einer Zeit des Anschwellens meiner philosophischen Interessen und des Schwankens, ob ich bei der Mathematik als Lebensberuf bleiben oder mich ganz der Philosophie widmen sollte, gaben Brentanos Vorlesungen den Ausschlag. […] Nicht lange wehrte ich mich, trotz aller Vorurteile, gegen die Macht dieser Persönlichkeit. Bald packten mich die Sachen, bald war ich von der ganz einzigen Klarheit und dialektischen Schärfe seiner Ausführungen, von der sozusagen kataleptischen Kraft seiner Problementwicklungen und Theorien bezwungen. Zuerst aus seinen Vorlesungen schöpfte ich die Überzeugung, die mir den Mut gab,

24 Edmund Husserl, *Briefwechsel*, Bd. IX, *Familienbriefe*, an von Arnim, 22. XII. 1896, S. 135 f., meine Hervorhebung.

25 Edmund Husserl *Briefwechsel*, Bd. VI, *Philosophenbriefe*, an E. Parl Welch, 17./21. VI. 1933, S. 461. – Husserl hatte vom SS 1878 – WS 1889/81 bei Karl Weierstraß in Berlin studiert.

die Philosophie als Lebensberuf zu wählen, nämlich, daß *auch Philosophie* ein Feld ernster Arbeit sei, daß auch sie *im Geiste strengster Wissenschaft* behandelt werden könne und somit auch müsse. Die reine Sachlichkeit, mit der er allen Problemen zu Leibe ging, ihre Behandlungsweise nach Aporien, die feine, dialektische Abwägung der verschiedenen möglichen Argumente, die Scheidung von Äquivokationen, die Zurückführung aller philosophischen Begriffe auf ihre Urquellen in der Anschauung – all das erfüllte mich mit Bewunderung und mit sicherem Vertrauen."[26] Husserls ethische Motivation klingt wohl auch bereits in der oben herangezogenen Vorlesung „Einleitung in die Erkenntnistheorie und Metaphysik" aus dem Wintersemester 1887/88 an, wenn er vom „vollkommenen Forscher, der auch ein vollkommener Mensch zu sein strebt", spricht, welcher „darum nie die Beziehungen seiner Wissenschaft zu den allgemeineren und höheren Erkenntniszielen der Menschheit außer Acht lassen" dürfe (a. a. O., S. 231). Viele Jahre später, in einem Brief an Hendrik Pos, der im Wintersemester 1922/23 bei Husserl in Freiburg studiert hatte, kommt das bei Husserl immer auch ethisch motivierte Verständnis strenger Wissenschaftlichkeit prägnant wie folgt zum Ausdruck: „Wissenschaft (das ist der Sinn unseres phänomenologischen Lebens) ist nicht ein Reich sachlicher Nützlichkeiten, eine Nutztechnik eine höhere Sorte wirtschaftlicher ‚Güter' zu erzeugen, oder gar ein Gebiet sportlicher Annehmlichkeiten. Sie ist uns hier höchster Lebensernst bzw. Objektivierung höchsten Ernstes, dazu da, die Menschheit zu wahrer Freiheit des Menschentums zu erheben. Sie ist die oberste Funktion der auf absolute Selbstverantwortlichkeit, auf Selbstbefreiung eingestellten Menschen: des sich in freiem, echt wissenschaftlichem Denken selbst befreienden, sich als Menschen selbst stiftenden. Wann

[26] Edmund Husserl, „Erinnerungen an Franz Brentano", in: *Aufsätze und Vorträge (1911–1921)*, mit Ergänzenden Texten hrsg. von Thomas Nenon und Hans Rainer Sepp, Hua XXV, Martinus Nijhoff Publishers 1987, S. 304 f., meine Hervorhebung.

wird die Menschheit lernen, sich u. ihr Abzielen wahrhaft ernst [zu] nehmen!"[27]

Nach diesen Bemerkungen zu den zwei für Husserl wohl stärksten Motiven zur Etablierung der Philosophie als strenger Wissenschaft sei im Rahmen dieser Einleitung wenigstens daran erinnert, daß Husserl sich mehrfach, gerade auch in Vorlesungen in den Jahren vor und zur Zeit des *Logos*-Artikels, ausführlich und sehr differenziert über das, was für die „Idee der Wissenschaft" konstitutiv ist, und damit zusammenhängend über die „Idee der Philosophie" als Wissenschaft geäußert hat. Zentral in seinen Überlegungen zum Charakter wissenschaftlichen Denkens überhaupt, das stets auf einsichtige, unmittelbare und vor allem mittelbare, systematisch aufgebaute *Begründung* und auf systematische, der natürlichen Ordnung der Sachen angepaßte *Vereinheitlichung* niederer und höherer Stufen abziele, war immer wieder die Rolle der *Logik* als zum Wesen aller Wissenschaft gehörig. Entsprechend faßte Husserl den vieldeutigen Begriff der Logik speziell auch als „Wissenschaft von der Wissenschaft überhaupt", als „Wissenschaftslehre" oder „Wissenschaftstheorie", wobei er darunter all die Disziplinen verstanden wissen wollte, die „alle Wissenschaften gleichmäßig" angehen.[28] Immer wie-

27 Edmund Husserl *Briefwechsel*, Bd. IV, *Die Freiburger Schüler*, an Hendrik J. Pos, 1. IV. 1923, S. 439.

28 Vgl. u. a. Hua XXIV (1984), *Einleitung in die Logik und Erkenntnistheorie. Vorlesungen 1906/07*, herausgegeben von Ullrich Melle; darin speziell I. Abschnitt: Die Idee der reinen Logik als einer formalen Wissenschaftstheorie, II. Abschnitt: Noetik, Erkenntnistheorie und Phänomenologie, S. 1–242; Hua XXX (1996), *Logik und allgemeine Wissenschaftstheorie. Vorlesungen 1917/18. Mit ergänzenden Texten aus der ersten Fassung von 1910/11*, hrsg. von Ursula Panzer; darin speziell III. Abschnitt: Die allgemeine Idee der Wissenschaftstheorie, S. 255–330; ferner Hua XXVIII (1988), *Vorlesungen über Ethik und Wertlehre 1908–1914*, hrsg. von Ullrich Melle; darin vor allem: B. Einleitung und Schlußstück der Vorlesungen über Grundprobleme der Ethik und Wertlehre 1911, Einleitung. Die Idee der Philosophie, S. 163–212. Vgl. auch bereits Hua XVIII (1975), *Logische Untersuchungen. Erster Band, Pro-*

der hat er über diese Sinn und Leistung der Wissenschaft formal-allgemein betreffenden Gesichtspunkte hinaus auch versucht, sich über die in den verschiedenen Wissenschaftstypen relevanten *Problemstellungen* Klarheit zu verschaffen und in Anmessung an deren Sinn herauszuarbeiten, welches Verständnis der *Methoden* für einen begründeten und systematisch geregelten Fortschritt von Erkenntnis zu Erkenntnis in den unterschiedlichen Bereichen der rein formalen, logisch-mathematischen und der materialen, sachhaltigen Disziplinen jeweils das richtige sei, und dies sowohl nach ihrer objektiven Seite, ausgerichtet auf die Gegenstandsseite als idealer theoretischer Einheit oder objektiver Geltungseinheit, als auch nach ihrer subjektiven und intersubjektiven Seite, die Thematisierung der Erkenntnisverläufe des Wahrnehmens, Vorstellens, Vergleichens, Begriffe Bildens, Urteilens, Schließens, Theoretisierens etc. selbst betreffend. Diese zweiseitige, objektiv-subjektive Ausrichtung ergibt sich in Husserls phänomenologisch-philosophischer Auffassung der ganzen Thematik, weil ihr gemäß alle Gegebenheit von Gegenständen sich in der Erkenntnis, in subjektiven und intersubjektiv vergemeinschafteten intentionalen Erlebnissen dieser oder jener Art vollzieht, ohne daß deshalb das vorwissenschaftlich oder wissenschaftlich Erkannte selbst als etwas Psychologisches zu gelten hat. Die knappe Charakteristik der Neubestimmung des echten Sinnes einer „wissenschaftlichen Philosophie“, welche gemäß der „Selbstdarstellung“ im *Logos*-Aufsatz vollzogen worden sei, trifft inhaltlich durchaus zu: Es geht in Husserls Argumentation darum, „eine universale Phänomenologie der Intentionalität als Fundament für eine wahre Psychologie und Geisteswissenschaft und für eine universale Philosophie“ als notwendig zu erweisen.

*legomena zur reinen Logik*, hrsg. von Elmar Holenstein; speziell, Erstes Kapitel: Die Logik als normative und speziell als praktische Disziplin, S. 25–43 und Elftes Kapitel: Die Idee der reinen Logik, S. 230–258.

## III.

Im Folgenden sei die im *Logos*-Aufsatz gegebene „allgemeine Charakteristik meiner Intentionen“, von welcher Husserl bezüglich dieser seiner ersten größeren Veröffentlichung seit den *Logischen Untersuchungen* von 1900/01 im Brief an William E. Hocking (o. S. XIV) sprach, noch etwas näher vorgestellt.[29] Der Gedanke, der die ganze, zweiteilige Abhandlung beherrscht und den Husserl so zuvor noch nie publiziert hatte, gilt sicherlich der Forderung einer „Neubegründung der Philosophie im Sinne strenger Wissenschaft“ *auf der Grundlage der Phänomenologie als Wesenslehre des reinen Bewußtseins*. Im Interesse anzuzeigen, daß Husserls Text von 1911 auch und sogar gerade in Beziehung auf Entwicklungen in der gegenwärtigen philosophischen Diskussion, ein Jahrhundert nach der Erstveröffentlichung, durchaus „ein erhebliches kritisches Potenzial“[30] aufzuweisen hat, richten sich die

[29] Zu beachten ist, daß es neben dem schon 1913 von Husserl selbst veröffentlichten Ersten Buch der *Ideen* (Hua III/1, 1976) dank einer Reihe von Nachlaßveröffentlichungen von Manuskripten Husserls aus jenen Göttinger Jahren inzwischen möglich ist, sich ein viel konkreteres Bild von einigen im *Logos*-Aufsatz nur angedeuteten, für Husserls philosophische Phänomenologie jedoch ganz zentralen Themen zu machen. Solche Themen sind etwa die nicht nur noetisch, sondern auch noematisch orientierte Phänomenologie der intentionalen Erlebnisse, auf welche noch ohne die Terminologie von Noesis-Noema, noematische Charaktere u. a. zu benutzen, im Text von 1911 mehrfach Bezug genommen wird (z. B. S. 10, 18, 20, 35 f., 40, 45); die ganze Zeitproblematik, auf die als verschwiegene Dimension der Forschungssphäre angespielt wird (vgl. u. S. 34 f.) und die auch in den *Ideen* beiseite gelassen wurde; ferner die sehr zahlreichen detaillierten Intentionalanalysen von Erlebnissen verschiedener Art – wie etwa Wahrnehmen, Phantasieren, Bildbewußtsein, Erinnern, Identifizieren, Unterscheiden, Urteilen, Einfühlen, Wollen, Werten –, welche weit über das aus den *Logischen Untersuchungen* schon Bekannte hinausgehen und auf die im Text von 1911 gelegentlich angespielt wird (u. S. 18, 26 f., 36, 38 f., 41 f.; vgl. auch Husserls Anm. S. 43).

[30] Vgl. den großen, sehr lesenswerten Aufsatz von Uwe Meixner

folgenden Erläuterungen insbesondere auf den *ersten* Teil der Abhandlung. In diesem Teil setzte sich Husserl mit der „naturalistischen Philosophie" seiner Zeit auseinander (u. S. 9–48). Er attestierte ihr, daß zwar auch in ihr die „Idee einer streng wissenschaftlichen Reform der Philosophie" „voll lebendig" sei; aber er kritisierte die Form, in welcher die Idee verwirklicht werde, als „theoretisch von Grund auf verfehlt" und sah in ihr auch „praktisch eine wachsende Gefahr für unsere Kultur" (ebd.). Husserls Auseinandersetzungen im *zweiten* Teil andererseits galten der „vielbemerkten Umwendung" im geistigen Klima der damaligen Zeit, welche zwar – und das sei „ihr Recht" – „im wesentlichen antinaturalistisch gerichtet" war, ihrerseits aber „unter dem Einfluß des Historizismus [...] von den Linien wissenschaftlicher Philosophie abführen und in bloße Weltanschauungsphilosophie einmünden zu wollen" scheine (u. S. 9). Die damit angesprochene geistesgeschichtliche Situation bedürfte heutzutage wohl einer weit ausholenden, das damalige geistige Klima vergegenwärtigenden Darstellung, um die Relevanz von Husserls Auseinandersetzung mit ihr sichtbar zu machen, was im Rahmen dieser Einleitung nicht zu leisten ist.[31]

(2003), „Die Aktualität Husserls für die moderne Philosophie des Geistes", S. 308, in welchem der Autor anhand der beiden *späten* Einführungen in die Phänomenologie, die Husserl in den *Cartesianischen Meditationen* von 1929 und in der unvollendet gebliebenen sog. *Krisisschrift* von 1936 verfaßt hatte, überzeugend dafür argumentiert, was Husserl gesagt habe, sei in der gegenwärtigen Philosophie des Geistes ernst zu nehmen. Meixners Anliegen wird vom Herausgeber dieser Studienausgabe seit vielen Jahren voll und ganz geteilt!

31 Einen sehr instruktiven Überblick mit vielen weiterführenden Anmerkungen gibt z. B. Herbert Schnädelbach, *Philosophie in Deutschland 1831–1933*, Suhrkamp Verlag, Frankfurt am Main 1983; ebenfalls unter dem Titel *German Philosophy 1831–1933* bei Cambridge University Press, Cambridge 1983 erschienen. – Vgl. auch Georg Misch, *Lebensphilosophie und Phänomenologie. Eine Auseinandersetzung der Diltheyschen Richtung mit Heidegger und Husserl*, Friederich Cohen, Bonn 1930. – Ferner Rudolf Boehm, Husserl und der Klassische Idea-

Wenn aber Husserl damals schreibt: „An der naturalistischen Philosophie radikale Kritik zu üben ist heutzutage eine wichtige Angelegenheit“ (u. S. 8 f.), dann kann man sich auch heute angesichts der in der Gegenwart lebhaft geführten Debatten rund um die *Naturalisierung* von Erkenntnis, Geist, Intentionalität, Bewußtsein usw. unmittelbar angesprochen fühlen. Ja, es drängt sich in unserer gegenwärtigen philosophischen und wissenschaftlichen Situation geradezu auf, sich vorzustellen, daß Husserl auch ein Jahrhundert später unter wenig veränderten Vorzeichen seine Argumentation hätte vortragen können. Damals hatte Husserl „die psychophysische und ganz besonders die *experimentelle Psychologie*“ im Auge, welche vielen ihrer Vertreter gemäß die „endlich zur Tat gewordene exakt-wissenschaftliche Psychologie“ darstelle (u. S. 14). Es waren „die empirisch-psychologischen Disziplinen“, die damals „in weiten Kreisen“ als „philosophische καθ' ἐξοχὴν“[32] galten, dank welcher „Logik und Erkenntnistheorie, Ästhetik, Ethik und Pädagogik [...] endlich ihr wissenschaftliches Fundament gewonnen“ hätten und sogar schon im vollen Zuge seien, „sich zu experimentellen Disziplinen umzubilden“ (u. S. 14). Heute hätte Husserl seine kritische Argumentation an die naturalistisch-physikalistisch eingestellte Philosophie des Geistes und der Kognition sowie an die experimentelle Psychologie und die kognitive Neurowissenschaft zu richten, Disziplinen, welche sich darum bemühen, die Erkenntnistheorie zu naturalisieren und die Geist, Subjektivität, mentale Repräsentation, Intentionalität und

lismus, in: *Vom Gesichtspunkt der Phänomenologie. Husserl-Studien*, Martinus Nijhoff Den Haag 1968, S. 18–71.

[32] Vgl. Hua XXVIII, 1988, *Vorlesungen über Ethik und Wertlehre, 1908–1914*, hrsg. von Ullrich Melle; darin „Einleitung. Die Idee der Philosophie“ von 1911, S. 163. Husserl fügt dann gleich bezüglich dieser „empirisch-psychologischen Disziplinen“ hinzu, es sei „zweifellos [...], daß in wenigen Generationen ihre Abtrennung von der Philosophie eine so entschiedene und reinliche sein wird, daß es keinem wissenschaftlich Gebildeten mehr einfallen wird, unter dem Titel ‚Philosophie‘ noch an Psychophysik oder sonstige empirische Psychologie zu denken“ (ebd.).

Bewußtsein nur dann zu akzeptieren bereit sind, wenn für sie ein Platz innerhalb der einen raumzeitlich-kausalen Natur bestimmt werden kann.

Wohl der Hauptpunkt von Husserls im *Logos*-Aufsatz entwickelten Kritik am Naturalismus in der Philosophie, welcher zwar „Philosophie auf Grund strenger Wissenschaft und als strenge Wissenschaft gestalten wollte“ (u. S. 12), zielte auf die bei ihren Vertretern verbreitete Neigung, „sich strenge Wissenschaft nur als positive Wissenschaft und eine wissenschaftliche Philosophie nur als auf solche Wissenschaft fundierte denken zu können“ (ebd.). In Anbetracht der in weiten Kreisen heutigen Philosophierens mehr oder minder explizit gemachten Annahme einer *Kontinuität* zwischen Naturwissenschaft und Philosophie und des großen Einflusses des sogenannten „wissenschaftlichen Realismus“, welchem gemäß die empirischen Naturwissenschaften – Husserls „positive Wissenschaften“ – das letzte Maß abgeben, an welches sich die Beschreibung und Erklärung der Welt zu halten habe,[33] dürfte die prinzipielle Kritik von damals auch heute ihre Brisanz nicht verloren haben. Dieser in Husserls Auffassung theoretischen Verfehlung gegenüber war es seine Überzeugung, man müsse, um die Idee einer Philosophie als strenger Wissenschaft auf den richtigen Weg zu bringen, das *Vorurteil* der Vorbildlichkeit der empirischen Naturwissenschaften in der Philosophie hinter sich lassen und „klare Möglichkeiten vor Augen haben, sie zu realisieren, es müssen sich uns durch Klärung der Probleme, durch Vertiefung in deren reinen Sinn, volleinsichtig die Methoden entgegendrängen, die solchen Problemen adäquat, weil durch ihr eigenes Wesen gefordert sind“, um so dann aber auch den „wirklichen Anfang zu gewinnen“ (u. S. 13).

33 Es sei an die prägnante Formulierung bei Wilfrid Sellars erinnert: „In the dimension of describing and explaining the world, science is the measure of all things, of what is that it is, and of what is not that it is not“; vgl. „Empiricism and the Philosophy of Mind“ in: *Science, Perception and Reality*, 1963: 173.

Um seine Absicht zu verdeutlichen, wendet sich Husserl nicht einfach einer Widerlegung des Naturalismus aus den Konsequenzen zu – etwa des skeptischen Relativismus und im besonderen des Anthropologismus, wie zur Hauptsache in den *Prolegomena zur reinen Logik* von 1900 –, vielmehr will er „an seinen Grundlagen, seinen Methoden, seinen Leistungen die nötige positive und dabei immer prinzipielle Kritik üben", und in dieser Absicht bespricht er „ausführlicher" „die *Naturalisierung des Bewußtseins*" (ebd.).[34]

In einem langen Gedankenzug über den ersten Teil der Abhandlung hin, so kann wohl verkürzt angedeutet werden, geht es Husserl zentral darum, gegenüber der „*naturalistischen*" Einstellung Sinn und Leistung der „*phänomenologischen*" Einstellung bei der Erforschung des *Bewußtseins* herauszustellen, und zwar zum einen hinsichtlich Klärungen von Problemstellungen innerhalb der *Philosophie* und zum anderen zwecks rationaler Fundierung der wissenschaftlichen *Psychologie* als „wirklich zureichende empirische Wissenschaft vom Psychischen in seinen Naturbezügen" (u. S. 45). Innerhalb der Philosophie zielt Husserl mittels der „phänomenologischen Methode" im besonderen auf den Nachweis

[34] Steven Crowell wirft in seinem Paper „Husserl's Subjectivism: The „ganz einzigen ‚Formen'" of Consciousness and the Philosophy of Mind" (im Druck) die wichtige Frage auf, warum die Naturalisierung des *Bewußtseins* die Wurzel der widersinnigen Problemstellungen des philosophischen Naturalismus sei. Crowell argumentiert: „It is the *normative, ideal* character of what concerns philosophy that rules out any naturalistic approach", und er vermißt, wohl nicht zu Unrecht, in Husserls Text von 1911 "an explanation of what normativity and ideality have to do with consciousness, a connection adumbrated in Husserl's reference to the naturalization of 'ideas'" und damit "all absolute ideals and norms". An der oben zitierten Textstelle spricht Husserl davon, daß „die tieferen Zusammenhänge" und „die ganze Weite", in der sein „Vorwurf, die Naturalisierung der Ideen anlangend, gemeint und zu begründen" sei, „im folgenden von selbst hervortreten und […] verständlich werden" würden … (vgl. u. S. 10, 13; zu Crowells Titel, u. S. 35).

des Widersinns einer naturwissenschaftlichen, auch jeder psychologischen, Erkenntnistheorie, welche dadurch zustande komme, daß sie einer „Verwechslung zwischen reinem und empirischem Bewußtsein" unterliege, „oder was dasselbe besagt: daß sie das reine Bewußtsein ‚naturalisiert'" (u. S. 20; vgl. S. 46); und allgemeiner denkt er an die Phänomenologie als „systematische Fundamentalwissenschaft der Philosophie", als „Eingangspforte in die echte Metaphysik der Natur, des Geistes, der Ideen" (u. S. 43, Anm. 32) und an die wahre Wegbereitung „zu einer wissenschaftlichen Theorie der Vernunft" mittels der phänomenologischen Methode (u. S. 48).

Ohne das technische Vokabular von „phänomenologischer Reduktion" und „Eidetik" zu benutzen, bringt Husserl in aller Deutlichkeit zum Ausdruck, daß die „Wissenschaft", auf welche er in seiner Argumentation hinführen will, „zwar Wissenschaft vom Bewußtsein und doch nicht Psychologie" sei, vielmehr „eine *Phänomenologie des Bewußtseins* gegenüber einer *Naturwissenschaft vom Bewußtsein*" (u. S. 19). Für deren Etablierung ist entscheidend, daß „Einstimmigkeit oder Widersinnigkeit der hier zu führenden Untersuchungen" durchaus „von der *Konsequenz und Reinheit der ‚phänomenologischen' Einstellung*" abhängt und daß, wenn „wir in der reinen phänomenologischen Sphäre verbleiben und die Beziehungen zum dinglich erfahrenen Leibe und zur Natur außer Rechnung lassen", „alle Aussagen, die Phänomene durch direkte Begriffe beschreiben", dies, „soweit sie gültig sind", „durch *Wesensbegriffe*" tun, „also durch begriffliche Wortbedeutungen, die sich in Wesensschauung einlösen lassen müssen" (u. S. 37).[35] Es geht keineswegs um „empirische Verallge-

[35] In seinem ausgezeichneten Aufsatz „Wesen und Wesensgesetze in der deskriptiven Eidetik Edmund Husserls", *Phänomenologische Forschungen*, 2007: 5–37, legt Rochus Sowa dar, daß das eigentlich *wissenschaftliche* oder rationale Moment der Phänomenologie Husserls, also dasjenige Moment, worauf Husserls Anspruch gründet, Wissenschaft und sogar „strenge Wissenschaft" zu etablieren, in der eidetischen Komponente, der sog. Wesenslehre, liegt.

meinerung, die in ihrem Sinn individuelles Dasein von Erfahrungseinzelheiten existenzial mitsetzt“; „Wesenserkenntnis [ist] keine *matter-of-fact*-Erkenntnis“, sondern „im echten Sinne *apriorische*“ (vgl. u. S. 39, 48).

Mehrmals kommt der Gedanke zum Ausdruck, daß „die wahre Methode [...] der Natur der zu erforschenden Sachen, nicht aber unseren Vorurteilen und Vorbildern“ folge und daß im Fall der Bewußtseinsforschung „dem naturwissenschaftlichen *Vorbild* folgen“ „fast unvermeidlich“ besage: „das Bewußtsein verdinglichen“, was „von Anfang in Widersinn“ verflechte, „woraus immer aufs neue die Neigung zu widersinnigen Problemstellungen, zu falschen Forschungsrichtungen“ entquelle (u. S. 30 f.; vgl. 11 f.). Hingegen, „wenn man vor allem nicht widersinnige Naturalisierungen zuläßt“, sondern „sich dem Sinne dieser ‚Erfahrungssphäre‘“ fügt und daran festhält, daß die Forschung das Psychische „genau als das nimmt und zu bestimmen sucht, als was es, dieses so Geschaute, genommen und bestimmt zu sein gleichsam fordert“, dann ist „vernünftige Forschung“, sind „gültige Aussagen“ in der thematisch abgegrenzten Sphäre des Psychischen „im weitesten Wortsinn des Phänomenalen als solchen“ evident möglich (u. S. 35 f.).

Was das Sein als *Phänomen* ‚ist‘, kann uns aber laut Husserl „nicht Erfahrung in demselben Sinne sagen, der von dem Physischen gilt“. Der tiefste Grund, weshalb dem ‚naturgemäß‘ so ist und die reine Phänomenologie des Bewußtseins sich allein als *Wesens*wissenschaft etablieren kann, ist im besonderen Wesen des Bewußtseins als in einem stetigen Zeitfluß begriffenen zu sehen. Dies kommt im Text von 1911 – ähnlich wie schon in Vorlesungen von 1906/07 und 1909[36], wenn auch im *Logos*-Artikel weniger ausführlich – deutlich zum Ausdruck. Es heißt etwa: „ein Psychisches, ein ‚Phänomen‘

[36] Vgl. Hua XXIV, 1984, *Einleitung in die Logik und Erkenntnistheorie. Vorlesungen 1906/07*, hrsg. von Ullrich Melle, v. a. § 37, und Hua Materialien VII, 2005, *Einführung in die Phänomenologie der Erkenntnis, Vorlesung 1909*, hrsg. von Elisabeth Schuhmann, S. 65 ff.

*kommt und geht*", im Unterschied zu Naturdingen bewahrt es „kein bleibendes, identisches Sein, das als solches im naturwissenschaftlichen Sinn objektiv bestimmbar wäre, z.B. als objektiv teilbar in Komponenten, im eigentlichen Sinne ‚analysierbar'" (u. S. 34). Oder: „Das Psychische ist ja nicht erfahren als Erscheinendes; es ist ‚Erlebnis' und in der Reflexion erschautes Erlebnis, *erscheint als selbst durch sich selbst, in einem absoluten Fluß*, als Jetzt und schon ‚abklingend', in schaubarer Weise stetig zurücksinkend in eine Gewesenheit" (vgl. u. S. 34 ff.). Wenn aber das Psychische, das Phänomenale als solches, im Unterschied zu Naturdingen „nicht in ‚objektiver' Identität bestimmbar" ist „als substanziale Einheit immer wieder zu erfassender, erfahrungswissenschaftlich zu bestimmender und zu bestätigender realer Eigenschaften", wenn „es nicht aus dem ewigen Fluß herauszuheben" ist, „unfähig, zum Objekt einer intersubjektiven Geltung zu werden – was können wir an ihm fassen, bestimmen, als objektive Einheit fixieren?" Husserls Antwort lautet: „Sind die Phänomene als solche keine *Natur*, so haben sie ein in unmittelbarem Schauen faßbares und adäquat faßbares *Wesen*" (u. S. 37). So zum Beispiel, wenn wir uns „in reiner Schauung, etwa von Wahrnehmung zu Wahrnehmung blickend, zur Gegebenheit bringen, was ‚Wahrnehmung', Wahrnehmung an sich selbst – dieses Identische beliebiger fließender Wahrnehmungssingularitäten – ist, so haben wir das *Wesen Wahrnehmung* schauend gefaßt" (u. S. 38). So umspanne „der Herrschaftsbereich" der phänomenologisch reinen Intuition „auch die gesamte Sphäre, die sich der Psychologe als die der ‚psychischen Phänomene' zueignet, wofern er sie nur rein für sich, in reiner Immanenz nimmt. Daß die im Wesensschauen gefaßten ‚Wesen' sich in festen Begriffen, in sehr weitem Umfange mindestens, fixieren lassen und damit Möglichkeiten für feste und in ihrer Art objektiv und absolut gültige Aussagen abgeben, ist für jeden Vorurteilslosen selbstverständlich. [...] Jeder psychologische Titel, wie Wahrnehmung oder Wille, ist Titel für eine höchstumfassende Domäne von ‚Bewußtseinsanalysen', d.i. von Wesensforschungen" (u. S. 38 f.)

Prägnant beschließt Husserl seine Ausführungen über diese „Domäne von ‚Bewußtseinsanalysen', d.i. von Wesensforschungen", also apriorischen Analysen in phänomenologischer Methode: „Reine Phänomenologie als Wissenschaft kann, solange sie rein ist und von der existenzialen Setzung der Natur keinen Gebrauch macht, *nur* Wesensforschung und gar nicht Daseinsforschung sein, jede ‚Selbstbeobachtung' und jedes Urteil auf Grund solcher ‚Erfahrung' fällt außerhalb ihres Rahmens. Das einzelne in seiner Immanenz kann nur als ‚dies da!' – diese dahinfließende Wahrnehmung, Erinnerung u. dgl. – gesetzt und allenfalls unter die der Wesensanalyse verdankten strengen Wesensbegriffe gebracht werden. […] Für sie ist das Singuläre ewig das *ἄπειρον*. Objektiv gültig kann sie nur Wesen und Wesensbeziehungen erkennen" (u. S. 42).

Man kann sich mit Blick auf die Situation in der philosophischen und wissenschaftlichen Diskussion in unserer Gegenwart nun fragen, ob Husserls Hoffnung eigentlich völlig verstiegen war, es werde „bald allgemeiner anerkannt sein, daß eine wirklich zureichende empirische Wissenschaft vom Psychischen in seinen Naturbezügen erst dann im Werke sein kann, wenn die Psychologie sich auf eine *systematische* Phänomenologie baut; wenn also die Wesensgestaltungen des Bewußtseins und seiner immanenten Korrelate, im systematischen Zusammenhange rein schauend erforscht und fixiert, die *Normen abgeben für den wissenschaftlichen Sinn und Gehalt der Begriffe* von jederlei Phänomenen, also der Begriffe, mit denen der empirische Psychologe das Psychische selbst in seinen psychophysischen Urteilen ausdrückt" (u. S. 45 f.).[37]

[37] Vgl. dazu auch etwa im Dritten Buch der *Ideen*, *Die Phänomenologie und die Fundamente der Wissenschaften*, Hua V, 1952, hrsg. von Marly Biemel, § 8. Rationale Psychologie und Phänomenologie – experimentelle Psychologie, wohl von 1912, wo Husserl im Kontext, in welchem er auch auf seinen *Logos*-Artikel zurück verweist, schreibt: „Die Zukunft wird wohl […] lehren, daß evidente Gegebenheiten nicht

Husserl war der Auffassung, daß es sich bei der Rede von „Phänomenologie des Bewußtseins gegenüber einer Naturwissenschaft vom Bewußtsein“ (o. S. XXIX) „wohl nicht um eine zufällige Äquivokation handeln“ werde, und so sei „im voraus zu erwarten, daß *Phänomenologie und Psychologie in sehr nahen Beziehungen* stehen müssen, sofern beide es mit dem *Bewußtsein*, wenn auch in verschiedener Weise, in einer verschiedenen ‚Einstellung‘ zu tun haben“; die Psychologie eben mit dem „empirischen“, die Phänomenologie mit dem „reinen“ Bewußtsein (u. S. 19 f.). Wenn das richtig sei, würde Psychologie, anders als es für die Naturwissenschaft der physischen Natur der Fall sei, „durch das Medium der Phänomenologie“ der Philosophie „aus wesentlichen Gründen näherstehen und in ihrem Schicksal mit ihr auch aufs innigste verflochten bleiben müssen“ (ebd.). Bezogen auf die damalige Situation fügte er aber sogleich bei, daß das Gesagte „allerdings sehr wenig zu der *modernen exakten Psychologie*“ stimme, die „der Philosophie so fremd wie nur irgend möglich“ sei und deren „durchgehenden Grundzug“ er charakterisierte als „die Beiseiteschiebung jeder direkten und reinen Bewußtseinsanalyse – nämlich der systematisch zu vollziehenden ‚Analyse‘ und ‚Deskription‘ der in den verschiedenen möglichen Richtungen immanenten Schauens sich darbietenden Gegebenheiten – zugunsten all der indirekten Fixierungen psychologischer oder psychologisch relevanter Tatsachen,

fortzuschaffen sind dadurch, daß man nicht auf sie hinsieht, und dereinst werden die Psychologen das ‚Instrument‘ der phänomenologischen Wesenslehre für nicht minder wichtig, ja zunächst wohl für sehr viel wichtiger halten als die mechanischen Instrumente. Das Gleichnis vom Instrument darf man natürlich nicht pressen. Die phänomenologische Methode tritt ja so wenig in Konkurrenz mit der experimentell-psychologischen als es die mathematischen Methoden in der Physik mit den experimentell-physikalischen tun. Die experimentelle Psychologie soll nicht preisgegeben, sondern durch die phänomenologische Fundamentierung unvergleichlich ertragreicher gemacht, durch sie im echten Sinne zu einer exakten, rational erklärenden Wissenschaft gestaltet werden“ (S. 48 f.).

die ohne eine solche Bewußtseinsanalyse einen mindestens äußerlich verständlichen Sinn haben“ (u. S. 20f.).

Wie steht es heutzutage damit? Bekanntlich ist das Thema ‚Bewußtsein‘ etwa seit dem letzten Viertel des 20. Jahrhunderts auch in der Philosophie außerhalb der philosophischen Phänomenologie, wie auch in der psychologischen Forschung, und dabei vornehmlich in interdisziplinärer Verbindung mit den kognitiven Neurowissenschaften, wieder stark in den Vordergrund des Interesses getreten. Diese Rückkehr des Themas ‚Bewußtsein‘ steht in deutlichem Kontrast zur Entwicklung der wissenschaftlichen Psychologie zur Zeit von Husserls *Logos*-Artikel. Kurz danach erschien bekanntlich J. B. Watsons (1913) Manifest für eine behavioristische Psychologie ‚ohne Bewußtsein‘, welches die introspektionistische Psychologie der Gründerzeit der wissenschaftlichen Psychologie (Wundt, Titchener, Würzburger Schule u. a.) diskreditierte und weitgehend eine jahrzehntelange Vernachlässigung der Bewußtseinsforschung zugunsten einer äußerlichen Verhaltenspsychologie – allenfalls angereichert durch theoretische Konstrukte zwecks Erklärung von beobachtbarem Verhalten (etwa E. C. Tolmans „cognitive maps“) – einleitete. Diese Periode der weit herum dominierenden wissenschaftlichen Psychologie wurde erst mit der sogenannten „kognitiven Wende“ seit etwa Ende der 1950er Jahre allmählich überwunden, womit auch eine Wiederbelebung introspektiver Methoden einherging. Während zunächst noch Analogien mit dem Funktionieren von Computern die Theoriebildungen und Modelle der wissenschaftlichen Psychologie fernab von Bewußtseinsfragen beherrschten, entwickelten sich mehr und mehr, zusätzlich motiviert von rasanten Fortschritten im Bereich der Neurowissenschaften, neue Methoden und Modellbildungen in der wissenschaftlichen Psychologie, in welchen Bewußtsein wiederum als Gegenstand wissenschaftlicher Forschung fortan ernst genommen wird. Auch innerhalb der anglo-amerikanischen Philosophie ergab sich eine zunehmend an Bedeutung gewinnende Hinwendung von der lange Zeit dominierenden Stellung der Sprachphilosophie zur

Philosophie des Geistes mit den auch in der Phänomenologie zentralen Themen Intentionalität und Bewußtsein. Zudem sind selbst innerhalb der Philosophie, und sogar innerhalb der philosophischen Phänomenologie, interdisziplinär ausgerichtete Verbindungen zu den Neurowissenschaften entwickelt worden; man spricht heute von ‚Neurophilosophie' (Patricia Churchland u. a.) und, mit der Zielsetzung einer „Naturalisierung der Phänomenologie", auch von ‚Neurophänomenologie' (Francisco Varela et al.) als vielversprechenden Disziplinen, welche sich intensiv mit Bewußtseinsforschung in Verbindung mit den Neurowissenschaften und deren bildgebenden Methoden (PET, fMRI, etc.) befassen. Dabei stehen Fragen nach den sog. „neuronalen Korrelaten von Bewußtsein" oder nach den materiellen Grundlagen von Bewußtsein im Gehirn im Zentrum.[38]

38 Diese Entwicklungen gingen seit dem ausgehenden 20. Jahrhundert weltweit einher mit einer unüberblickbar gewordenen Fülle von Buchpublikationen, neuen Fachzeitschriften und Fachtagungen (etwa der *Association for the Scientific Study of Consciousness, ASSC*) zum Thema ‚Bewußtsein', ‚consciousness'. Aus der Fachliteratur allein der letzten Jahre vgl. etwa *The Cambridge Handbook of Consciousness*, edited by Philip David Zelazo, Morris Moscovitch, Evan Thompson, Cambridge 2007; *The Blackwell Companion to Consciousness*, edited by Max Velmans and Susan Schneider, Blackwell 2007; Gerald E. Edelman and Giulio Tononi, *A Universe of Consciousness. How Matter Becomes Imagination*, Basic Books 2000; Susan Blackmore, *Consciousness: An Introduction*, Oxford University Press 2003; Christopher Koch, *The Quest for Consciousness: A Neurobiological Approach*, 2004; Michael Tye, *Consciousness Revisited. Materialism without Phenomenal Concepts*, The MIT Press, 2009; Shaun Gallagher and Dan Zahavi, *The Phenomenological Mind. An Introduction to Philosophy of mind and cognitive science*, Routledge, London 2008; die beiden letztgenannten Autoren bieten ein sehr lesenswertes Plädoyer für die Relevanz der immer noch allzu oft vernachlässigten philosophischen Phänomenologie für die gegenwärtige Erforschung von Geist, Bewußtsein und Gehirn. – Als Beispiele von Fachzeitschriften seien genannt: *Consciousness and Cognition; Journal of Consciousness Studies; Consciousness and Emotion; Phenomenology and the Cognitive Sciences.*

In diesen neuen Forschungen zum Bewußtsein spielen als Mittel zur Gewinnung und Auswertung von Daten neben den „Dritte-Person-Methoden", nämlich den traditionellen objektiven Methoden und deren Verfeinerungen dank der bildgebenden Verfahren, durchaus auch „Erste-Person-Methoden" eine Rolle. Dazu zählen auch heute wieder insbesondere introspektive und/oder retrospektive Berichte oder Selbstbeobachtungen von naiven oder aber trainierten Versuchspersonen. Welchen Beitrag solche Datenerhebungen neben den objektiven Methoden für eine wissenschaftliche Theorie des Bewußtseins leisten, ist in der gegenwärtigen Diskussion strittig. Umstritten ist zum Beispiel auch, ob Erste-Person-Methoden, insbesondere in Gestalt reflexiv-eidetischer Bewußtseinsanalyse, überhaupt einen speziellen, nur durch sie zu erbringenden *begrifflichen* Beitrag bei der Erforschung des Bewußtseinslebens spielen könnten, oder ob nicht ebensogut eine ganz auf Dritte-Person-Daten sich stützende Theorie den objektiven *und* den subjektiven Phänomenen des Bewußtseins vollauf gerecht werden könnte, wie dies in einer Reihe von Publikationen mit Nachdruck von Daniel C. Dennett vertreten wird.[39]

Wie aus dem *Logos*-Artikel klar hervorgeht, war Husserl jedenfalls der Überzeugung, daß es der *phänomenologischen Methode* unbedingt bedürfe, um Sinn und Gehalt der in der experimentellen Psychologie verwendeten *rein psychologischen Begriffe* zu klären und für den wissenschaftlichen Gebrauch festzulegen. Dies jedenfalls, *wenn* es das Ziel dieser Forschung ist, „wirklich psychologische Erkenntnis" „als Wissenschaft von den Phänomenen selbst" zu leisten, zu einem echten, originären Verständnis des Psychischen und speziell der Gegebenheiten des Bewußtseins zu gelangen und sich nicht mit all den „indirekten Fixierungen psychologi-

[39] Eine sehr instruktive Übersicht zu dieser Problematik ist enthalten in: *Phenomenology and the Cognitive Sciences. Special Issue on Dennett and Heterophenomenology*, Guest editor: Alva Noë, vol. 6/1–2, 2007: 1–270.

scher oder psychologisch relevanter Tatsachen“ und deren „mindestens äußerlich verständlichen Sinn“ zufrieden zu geben; indirekte Fixierungen, zu welchen man in der heutigen Situation der Psychologie die experimentellen Vorkehrungen in den kognitiven Neurowissenschaften wird zählen müssen (u. S. 29, 46; vgl. 20 f.). Im Einklang mit der von Husserl selbst gehegten Hoffnung, künftige Generationen von wissenschaftlichen Psychologen würden sich des Instrumentes seiner phänomenologischen Methode bedienen (o. S. XXXII), steht seine zusammenfassende Äußerung, es sei „klar und aus tiefsten Gründen einzusehen [...]: daß alle im gewöhnlichen Sinne psychologische Erkenntnis *Wesenserkenntnis* des Psychischen *voraussetzt*“ und daß die von Psychologen ihrerseits allenfalls gehegte „Hoffnung“ verkehrt sei, unter Ausschaltung jeder, außer unabsichtlich erfolgender innerer Wahrnehmung und Erfahrung (vgl. u. S. 25, 44 f.), allein „durch psychophysische Experimente [...] das *Wesen* der Erinnerung, des Urteils, des Willens u. dgl. erforschen zu wollen, um *dadurch* die strengen Begriffe zu gewinnen, die der Bezeichnung des Psychischen in den psychophysischen Aussagen, und ihnen selbst, allein wissenschaftlichen Wert geben können“ (u. S. 45).

Die „Verkehrtheit“ einer solchen „Hoffnung“ dürfte auch in der heutigen wissenschaftlichen Situation in der Linie zu begründen sein, die schon Husserl zu bedenken gab. Zwar sei die *„experimentelle Methode“* für „die moderne exakte Psychologie“ „unerläßlich, wie überall, wo es sich um Fixierung von intersubjektiven Tatsachenzusammenhängen handelt. Aber sie *setzt voraus*, was kein Experiment zu leisten vermag, *die Analyse des Bewußtseins selbst*“ (u. S. 22). Die damit angesprochene Idee der *Fundierung* der exakten Psychologie „in einer reinen und systematischen Phänomenologie“, in welcher „erst [...] der Sinn und die Methode der hier zu leistenden Arbeit hervortritt sowie zugleich der ungeheure Reichtum an Bewußtseinsdifferenzen, die dem methodisch Unerfahrenen unterschiedslos ineinanderlaufen“ (ebd.), begründet Husserl näher in einer grundsätzlichen Weise, die durchaus auch in der heutigen wissenschaftlichen Situation ihre Relevanz behaupten dürfte, speziell, was das heutige und vielleicht noch mehr das künftig zu erarbeitende Verhältnis von wissenschaftlicher Psychologie, Neurowissenschaft und philosophischer Phänomenologie, soweit diese Disziplinen *Bewußtsein thematisieren*, betrifft.

Husserl wirft nämlich die Frage auf, die er als „die methodische Kardinalfrage jeder Erfahrungswissenschaft" bezeichnet: „wie natürliche, ‚verworrene' Erfahrung zu wissenschaftlicher Erfahrung werden, wie es zur Feststellung objektiv gültiger Erfahrungsurteile kommen kann". Für die Erkenntnis der äußeren Natur sei der entscheidende Schritt von naiver Erfahrung zu wissenschaftlicher, von vagen Alltagsbegriffen (schwer, warm, Masse usw.) zu wissenschaftlichen Begriffen „in voller Klarheit erst durch Galilei vollzogen" worden. Mit Blick auf die Psychologie, die hier besonders interessiert, vermerkt Husserl, sie stehe „der Hauptsache nach *vor* der Galileischen Epoche" (u. S. 28), und er fragt kritisch in markanten Sätzen: „Wie konnte ihr das prinzipiell Allerwesentlichste entgehen? Wie konnte es ihr entgehen, daß sie ihren rein psychologischen Begriffen, deren sie nun einmal nicht entraten kann, notwendig einen Inhalt gibt, der nicht einfach dem in der Erfahrung wirklich Gegebenen entnommen, sondern auf dasselbe angewendet ist? Daß sie unvermeidlich, sowie sie dem Sinn des Psychischen nähertritt, Analysen dieser Begriffsinhalte vollzieht und entsprechende phänomenologische Zusammenhänge als gültig anerkennt, die sie auf Erfahrung anwendet, die aber der Erfahrung gegenüber *a priori* sind? Wie konnte es ihr entgehen, daß Voraussetzungen der experimentellen Methode, wofern sie wirklich psychologische Erkenntnis leisten will, nicht durch sie selbst begründet werden können und daß ihr Verfahren sich kardinal von dem der Physik unterscheidet, sofern diese eben prinzipiell das Phänomenale ausschaltet, um die in ihm sich darstellende Natur zu suchen; während die Psychologie doch Wissenschaft von den Phänomenen selbst sein wollte?" Und er stellt fest, „bei ihrer naturalistischen Einstellung sowie bei ihrem Eifer, den Naturwissenschaften nachzustreben und im experimentellen Verfahren die Hauptsache zu sehen", „in ihren mühseligen, oft sehr scharfsinnigen Erwägungen über die Möglichkeiten psychophysischen Experiments, im Entwerfen experimenteller Versuchsanordnungen, im Konstruieren feinster Apparate, in ihrem Aufspüren möglicher Fehlerquellen usw." habe die Psychologie es „versäumt zu erwägen, inwiefern das Psychische anstatt Darstellung einer Natur zu sein, vielmehr *ein ihm eigenes und vor aller Psychophysik streng und in voller Adäquatheit zu erforschendes ‚Wesen'* habe. Sie hat nicht erwogen, was im ‚Sinn' psychologischer Erfahrung liege und welche ‚Forderungen' das Sein im Sinne des Psychischen *von sich aus* an die Methode stelle" (u. S. 28 f.).

Klar ist jedenfalls, daß eine Psychologie ebensowenig wie die Physik „Anspruch auf ‚Exaktheit'" haben kann, wenn sie sich mit „Alltagsbegriffen" begnügen würde. Zwar seien „die natürlichen Ausgangspunkte" einer analytisch deskriptiven Durchforschung der intentionalen Erlebnisse „die sprachüblichen Bezeichnungen von Psychischem", also Worte wie „Wahrnehmung, Erinnerung, Phantasievorstellung, Aussage usw." Aber als Wissenschaft von den „psychischen Phänomenen" muß die moderne Psychologie „diese Phänomene in begrifflicher Strenge beschreiben und bestimmen können. Sie muß die nötigen strengen Begriffe sich in methodischer Arbeit zugeeignet haben". Der „phänomenologische Analyst" muß „im Einleben" in die Bedeutungen der betreffenden Worte nach den Phänomenen fragen, „auf die sich solche Bezeichnungen zunächst vage und äquivok beziehen" oder „welche die Sprache durch die betreffenden Worte anregt". Der erste Anfang der Untersuchungen kann dabei „selbstverständlich kein anderer sein […], als die zunächst sichtlich werdenden, gröbsten Äquivokationen klarzulegen". Es wurzle „in der Natur der Sachen", daß auch „der Fortschritt der Untersuchung, äußerlich betrachtet, in einem erheblichen Umfange in Form von Nachweisungen neuer, nun erst sichtlich gewordener Vieldeutigkeiten" sich bewege, „und zwar an den in den vorangegangenen Untersuchungen vermeintlich schon fixierten Begriffen" (vgl. u. S. 22–25).

Husserl gesteht der von Seiten der Experimentalisten vorgebrachten Kritik an der Methode der „Selbstbeobachtung und der – wie sie sagen – ausschließlich auf Selbstbeobachtung beruhenden Schreibtisch-Psychologie" „unerachtet starker Übertreibungen, zweifellos Gutes" zu. Er macht aber andererseits ein, wie ihm scheine, „prinzipielles Versehen" der experimentellen Psychologie geltend, darauf hinauslaufend, daß sie ihre Analyse „mit einer Erfahrungsanalyse (wenn auch einer indirekten) der physischen Naturwissenschaft auf gleiche Stufe" stelle und auf diese Weise in der Tat glaube, „Erfahrungswissenschaft vom Psychischen in prinzipiell gleichem Sinne zu sein, wie die physische Naturwissenschaft Erfahrungswissenschaft ist vom Physischen" (u. S. 24 f.). Der methodologisch entscheidende Punkt Husserls, der bereits weiter oben zur Sprache kam, ist demgegenüber der, daß die experimentelle Psychologie in seinen Augen „die *spezifische Eigenart gewisser Bewußtseinsanalysen*" übersieht, „welche *vorangegangen* sein müssen, damit aus naiven Erfahrungen [...] Erfahrungen in einem wissenschaftlichen Sinn werden können" (ebd.). Ihre Beschreibungen der naiven Erfahrungsgegebenheiten erfolgen „mittels eines Fonds von Begriffen", deren wissenschaftlicher Wert „nicht von Anfang an da" sein und „auch nicht aus den noch so gehäuften Erfahrungen der Versuchspersonen und der Versuchsleiter selbst herstammen" kann; ja „er kann durch gar keine Erfahrungsfeststellungen logisch gewonnen sein: Und hier ist *die Stelle der phänomenologischen Wesensanalyse*, die, wie ungewohnt und unsympathisch es dem naturalistischen Psychologen klingen mag, nichts weniger als empirische Analyse ist und sein kann" (u. S. 25 f.; vgl. auch o. S. XXXVII). In Hinsicht auf die heutige Forschung ist etwa an experimentell-psychologische und neurowissenschaftlich untermauerte Untersuchungen zu sogenannten Vorstellungsbildern („mental imagery"), zum Bildwahrnehmen („picture perception") und zu Formen des Erinnerns („episodic memory", „autobiographic memory") zu denken, und auf phänomenologischer Seite an Husserls sehr differenzierte Bewußtseinsanalysen zur Phänomenologie von Phantasie, Bildbewußtsein, Erinnerung.

„Der Grundfehler der modernen Psychologie, der sie hindert, Psychologie im wahren, voll-wissenschaftlichen Sinn zu sein", bestand nach Husserl seinerzeit darin, daß sie „*die phänomenologische Methode nicht erkannt und ausgebildet* hat. Sie ließ sich durch historische Vorurteile davon abhalten, die in aller klärenden Begriffsanalyse gelegenen Ansätze zu solcher Methode zu nützen". Wie sich in der heutigen Forschungslandschaft da und dort abzeichnet, etwa in Kreisen von Neurophänomenologen und philosophisch interessierten kognitiven Neurowissenschaftlern, ist Husserls Hoffnung auf künftige Generationen von Bewußtseinsforschern, die vom Instrument der phänomenologischen Wesenslehre Gebrauch machen würden, wohl nicht mehr ganz so abwegig. Ob hingegen Husserls Feststellung in den abschließenden Bemerkungen des Ersten Teils des *Logos*-Artikels *außerhalb* der philosophischen Phänomenologie auf Gehör stößt, ist fraglich, wenn er schreibt: „Nur eine wirklich radikale und systematische Phänomenologie, nicht nebenher und in vereinzelten Reflexionen betrieben, sondern in ausschließlicher Hingabe an die höchst vielfältigen und verwickelten Probleme des Bewußtseins, und betrieben mit einem völlig freien, durch keine naturalistischen Vorurteile geblendeten Geiste, kann uns *Verständnis* von ‚Psychischem' – in der Sphäre des individuellen wie des Gemeinschaftsbewußtseins – geben. Dann erst wird die gewaltige experimentelle Arbeit unserer Zeit, die Fülle gesammelter empirischer Tatsachen und z. T. sehr interessanter Regelmäßigkeiten durch auswertende Kritik und psychologische Interpretation ihre rechten Früchte tragen. Dann wird man auch wieder zugestehen können, was man für die heutige Psychologie in keiner Weise zugestehen kann: daß Psychologie zu Philosophie in naher, ja nächster Beziehung stehe" (u. S. 45 f.).

## IV.

„*Philosophie als Wissenschaft*, als ernstliche, strenge, ja apodiktisch strenge Wissenschaft – *der Traum ist ausgeträumt*“.[40]

Dieser Satz aus einer Aufzeichnung Husserls vom Sommer 1935 wurde nach deren erstmals im Jahre 1954 erfolgten Veröffentlichung oft zitiert, um damit zu belegen, Husserl selbst habe in den letzten Jahren seines Lebens von seinem im *Logos*-Artikel von 1911 verkündeten Ideal einer „Philosophie als strenge Wissenschaft“ resigniert Abstand genommen. So etwa auch noch von Wilhelm Szilasi in der von ihm verdienstvoll besorgten ersten deutschen Buchausgabe von Husserls Abhandlung, welche ein halbes Jahrhundert nach ihrem ersten Erscheinen in *Logos. Internationale Zeitschrift für Philosophie der Kultur* kaum noch zugänglich gewesen war. Die Buchausgabe erschien 1965,[41] gut zehn Jahre nachdem jene späte Aufzeichnung, welcher der Satz vom Traum, der ausgeträumt sei, entnommen ist, allgemein zugänglich geworden war. Zum Schluß seines Nachworts hielt Szilasi fest, es sei jedenfalls wichtig, daß Husserl „am Ende eines problemerfüllten Lebens in den letzten Notizen zur ‚Krisis‘“ zu den Fragen zurückgekehrt sei, die er erstmals 25 Jahre zuvor im *Logos* exponiert hatte. Und dann, gekennzeichnet „als eine der letzten Notizen“, folgt der hier eingangs angeführte Satz, von Szilasi so kommentiert: „Die Resignation macht die gewaltige Hingabe Husserls an die Sache der Philosophie einzigartig sichtbar; sie ist aber unbegründet. Der Traum war nicht ausgeträumt, nur der Ariadnefaden ist Husserl in der

[40] Edmund Husserl, *Die Krisis der europäischen Wissenschaften und die transzendentale Phänomenologie*, hrsg. von Walter Biemel, *Husserliana* VI, Haag Martinus Nijhoff 1954 (2., unveränderte Aufl. 1962), Beilage XXVIII, Sommer 1935, S. 508–513; hier S. 508.

[41] Edmund Husserl, *Philosophie als strenge Wissenschaft*. Erste deutsche Buchausgabe. Hrsg. von Wilhelm Szilasi, in der Reihe *Quellen der Philosophie. Texte und Probleme*. Hrsg. von Rudolph Berlinger, Vittorio Klostermann, Frankfurt am Main 1965.

unübersehbaren Fülle der immer neuen Untersuchungen aus der Hand geglitten“ (a. a. O., S. 100 f.).

Auch der dem Kreis um Wilhelm Dilthey zugehörige Georg Misch hat in seinem auf „Frühjahr 1964“ datierten Nachwort zur 3. Auflage seines aus einer Folge von Aufsätzen hervorgegangenen Buches *Lebensphilosophie und Phänomenologie. Eine Auseinandersetzung der Diltheyschen Richtung mit Heidegger und Husserl*[42] auf Husserls späte Aufzeichnung so Bezug genommen, als hätte Husserl sich schließlich vom Ideal einer Philosophie als strenger Wissenschaft verabschiedet. Misch spielt auf eine Vereinigung „heterogener Tendenzen“ an, welche „durch die führenden Denker selbst, Dilthey und Husserl, [...] in die Wege geleitet worden“ sei, die aber „kurz vor Diltheys Tod eine polemische Wendung genommen“ habe, „infolge des unerwarteten Angriffs, den Husserl in einer Abhandlung mit dem Titel *Philosophie als strenge Wissenschaft* (1910; *sic!*) gegen die sog. *Lebens-* oder *Weltanschauungsphilosophie* richtete, der er vorwarf, daß sie auf einen Historismus hinausliefe, dessen letzte Konsequenz der Skeptizismus wäre“ (a.a.O., S. 326). Misch erwähnt dann als „Hauptzeugnis für diese Wendung“ den „dadurch provozierte[n] Briefwechsel zwischen Dilthey und Husserl“[43], aus welchem große Stücke in seinem Buche angeführt sind, und dann fährt er fort: „Auf die prekäre Situation, in die man da hineinblickt, ist inzwischen – wiederum unerwar-

42 Die Aufsätze erschienen ursprünglich im „Philosophischen Anzeiger“ 1929/30 (III. Jahrg., Heft 2 und 3; IV, Heft 3). Sie wurden unverändert zusammen in Buchform erstmals bei Friedrich Cohen, Bonn 1930, in zweiter, unveränderter Auflage bereits 1931 abgedruckt. Im Jahre 1967 erschien das Buch, diesmal als „unveränderter Nachdruck der 2. Auflage, Leipzig und Berlin 1931“, bei der Wissenschaftlichen Buchgesellschaft Darmstadt, mit dem oben erwähnten Nachwort.

43 Vgl. jetzt Edmund Husserl. *Briefwechsel*, Band VI, Philosophenbriefe, in Verbindung mit Elisabeth Schuhmann hrsg. von Karl Schuhmann, Kluwer Academic Publishers, Dordrecht/Boston/London 1994, zu Dilthey S. 43–52, sowie S. 486–488 im Textkritischen Anhang; zu Misch vor allem S. 274–284 bzw. S. 503 f.

tet – neues Licht gefallen durch ein Bekenntnis Husserls, das in einer sehr viel späteren Niederschrift von ihm über die „Krisis der Wissenschaften“ zu finden ist: „Philosophie als … strenge Wissenschaft – der Traum ist ausgeträumt“ (ebd.). In der zugehörigen Anmerkung spricht Misch diesbezüglich vom „Eingeständnis Husserls“ (ebd., Anm. 6).

Husserl hatte indessen, worauf vor gut fünfzig Jahren bereits Rudolf Boehm überzeugend hingewiesen hat[44], das „Ideal einer Philosophie als strenge Wissenschaft […] niemals preisgegeben“. Von Resignation, Bekenntnis oder Eingeständnis in einem Sinne, daß er von diesem Ideal Abschied nähme, kann bei Husserl in der Tat keine Rede sein. Unmittelbar vor dem fraglichen Satz schrieb er zu Beginn in jener Aufzeichnung stichwortartig zum Inhalt: „Bestreitung der wissenschaftlichen Philosophie – Notwendigkeit der Besinnung – die Besinnung historisch – *wie* bedarf es der Geschichte?“ (a. a. O., S. 508). Im Verlauf der Aufzeichnung aus dem Sommer 1935 heißt es dann: „Ein mächtiger und ständig wachsender Strom, wie des religiösen Unglaubens, so einer der Wissenschaftlichkeit entsagenden Philosophie überflutet die europäische Menschheit. Wohl vorherrschend geworden ist die Überzeugung, daß Philosophie eine Aufgabe des um seine Existenz ringenden Menschen sei“ (ebd., S. 508 f.) – dazu notierte er am Rande: „Philosophie der Existenz. Philosophie als Weltanschauung“ (vgl. ebd., S. 556) –, um wenig später im Text fortzufahren: „Philosophie ist in Gefahr, d.i. ihre Zukunft ist gefährdet – sollte das nicht der Frage nach der gegenwärtigen Aufgabe der Philosophie als Frage in einer solchen Zeit einen ausgezeichneten Sinn geben?“ Und: „Was kann uns an unser Ziel binden? […] gibt es hier eine Evidenz der praktischen Möglichkeit und Notwendigkeit, die das,

44 Rudolf Boehm, *Vom Gesichtspunkt der Phänomenologie. Husserl-Studien*, Martinus Nijhoff Den Haag 1968, darin: II. Husserl und der klassische Idealismus, S. 18–71; ursprünglich auf Französisch erschienen: Husserl et l’idéalisme classique, *Revue philosophique de Louvain*, 57 (1959), S. 351–396.

was von außen betrachtet Versagen ist und es alles in allem wirklich ist, doch als Evidenz eines unvollkommenen, eines einseitigen, partiellen Gelingens, aber doch eines Gelingens in diesem Versagen mit sich führt?" (ebd., S. 509 f.)

Nun heißt es bezüglich der dafür erforderlichen Evidenz weiter in der Aufzeichnung vom Sommer 1935: „Nur durch Vertiefung in den wieder lebendig gemachten Gehalt der traditionalen Systeme kann diese Evidenz fühlbar werden; und indem wir in sie eindringen, sie befragen, kann der Aufgabensinn der Philosophie klar werden. Also es ist kein Zweifel, wir müssen uns in historische Betrachtungen vertiefen, wenn wir uns als Philosophen und das, was in uns als Philosophie werden will, sollen verstehen können" (ebd., S. 510). Und wie eine Selbstkritik der Art und Weise, wie er zur Zeit des *Logos*-Artikels die Zielsetzung der Etablierung der Philosophie als strenger Wissenschaft gekennzeichnet hatte, liest sich, was Husserl weiter ausführt: „Es reicht nicht mehr aus, sozusagen in naivem Lebens- und Wirkensdrang, obschon aus existenziellen Tiefen der Persönlichkeit, Arbeitsprobleme zu ergreifen, an die wir in unserem naiven Werden geraten sind, und über sie mit unseren Arbeitsgenossen zu verhandeln, mit denen, die im gleichen Zug einer lebendigen Tradition an dieselben Probleme herangeraten sind". Und, sicherlich mit Blick auf die Situation in den 1930er Jahren, fährt Husserl fort: „Das genügt ja nicht mehr in der Gefahrensituation, in der die heutige Philosophie sich weiß – sich wissen, sich eingestehen muß, um der Sicherung der Zukunft willen, die durch die Gewalt der Suggestionen des ‚Zeitgeistes' bedroht ist" (ebd.).

Wenn es noch weiterer Zeugnisse bedürfte, um darzutun, daß das Ideal der „Philosophie als strenger Wissenschaft" von Husserl, der in einem Brief vom 29. März 1897 an Paul Natorp übrigens auch von einem „verzweifelten Ringen nach sicheren Grundpunkten für eine *rationale Weltanschauung*" schrieb,[45] zeitlebens nie aufgegeben wurde, sei folgende Aus-

45 Edmund Husserl, *Briefwechsel*, Bd. V, *Die Neukantianer*, Husserl an Natorp, 29. III. 1897, S. 64.

sage aus dem oben bereits zitierten Brief an Marvin Farber aus Husserls letztem Lebensjahr angeführt: „Echte Philosophie ist allein Wissenschaft auf dem durch phänomenologische Reduktion gewonnenen absoluten Boden, dem der universalen absoluten Intentionalität“.[46] Und in einem Brief vom 17./21. Juni 1933 an E. Parl Welch schrieb Husserl: „Meine Philosophie, bitte ich Sie, nicht ein „System“ zu nennen. Denn es ist gerade ihr Absehen, alle ‚Systeme‘ für immer unmöglich zu machen. Sie will *strenge Wissenschaft* sein, die in unendlichem Progreß systematisch ihre Probleme, Methoden und Theorien entwickelt.“[47]

Abschließend sei ein Ausschnitt aus Husserls Entwurf einer Antwort vom 11. III. 1914 auf die Rektoratsrede, „Die philosophische Krisis der Gegenwart“, die er von Karl Joël zugesandt erhalten hatte, wiedergegeben: „Ich glaubte im *Logos* das Recht der *wissenschaftlichen* Philosophie *verteidigen* zu müssen gegenüber der neu aufstrebenden ‚Weltanschauungsphilosophie‘, weil ich bemerkte, daß die neuerliche Abwendung von der naturalistischen Philosophie (die wissenschaftlich sein wollte) die Tendenz einer Abwendung von der Idee strenger Wissenschaft überhaupt annahm. Andererseits betonte ich, daß Wissenschaft nicht der größte der Werte ist, daß eine Weltanschauungsphilosophie (auf wissenschaftlichem Grunde, aber über strenge Wissenschaft weit hinausgehend) in ihrer *höchst*möglichen Form von überragender Kulturbedeutung sei, daß ihr ein idealer Wert zukomme, den die fortschreitende, aber ihrer Idee immer nur in sehr engen Grenzen genügende *Wissenschaft* keineswegs erreichen kann“.[48]

[46] Edmund Husserl, *Briefwechsel*, Bd. IV, *Die Freiburger Schule*, an Farber, 18. VI. 1937, S. 83.

[47] Edmund Husserl, *Briefwechsel*, Bd. VI, *Philosophenbriefe*, Husserl an E. Parl Welch, 17./21. VI. 1933, S. 456–462, Zitat S. 459.

[48] Edmund Husserl, *Briefwechsel*, Bd. VI, *Philosophenbriefe*, Husserl an Joël, 11. III. 1914, S. 206.

# EDITORISCHER BERICHT

In der vorliegenden Studienausgabe gelangt der Text „Philosophie als strenge Wissenschaft" aus *Husserliana. Edmund Husserl, Gesammelte Werke*, Band XXV (*Aufsätze und Vorträge (1911–1921)*, mit ergänzenden Texten herausgegeben von Thomas Nenon und Hans Rainer Sepp, Martinus Nijhoff Publishers, Dordrecht, Boston, Lancaster 1987) vollständig zum Abdruck. In der *Husserliana* umfaßt der Text die Seiten 3 bis 62; am Rande der Seiten dieser Ausgabe wird sowohl die Paginierung nach der Hua (unterbrochener Trennstrich ¦) als auch die Originalpaginierung (289–341, durchgehender Trennstrich |) aus dem dritten Heft des ersten Bandes des *Logos. Zeitschrift für Philosophie der Kultur* angeführt, in dem der Text im Frühjahr 1911 erstmals erschien. Dem in der *Husserliana* abgedruckten Text liegt, wie die Herausgeber in den „Textkritischen Anmerkungen" bemerken, ein Sonderdruck des Aufsatzes zugrunde, welcher im Husserl-Archiv Leuven unter der Signatur K VIII 15 archiviert ist. Auf der Titelseite dieses Sonderdruckes notierte Husserl „Entworfen Weihnachtsferien 1910/11, ausgeführt Januar ⟨bis⟩ Anfang oder Mitte Februar, Druck bis Anfang März", daneben „Handexemplar". Husserls Randbemerkungen in seinem Handexemplar, die nicht bloß Exzerpte aus dem Text darstellen, sind von den Herausgebern des *Husserliana*-Bandes auf den entsprechenden Seiten in Anmerkungen mit dem Vermerk ‚Handexemplar' wiedergegeben worden. Diese Anmerkungen werden auch in vorliegender Studienausgabe an den entsprechenden Stellen beibehalten. Alle übrigen Randbemerkungen Husserls in seinem Handexemplar sowie geringfügige andere Veränderungen gegenüber dem Erstdruck in der Zeitschrift *Logos* finden sich in den „Textkritischen Anmerkungen" auf den Seiten 337 und 338 in *Husserliana*, Band XXV.

Über die Entstehung von Husserls Aufsatz „Philosophie als strenge Wissenschaft" informiert die „Einleitung der Herausgeber" des *Husserliana*-Bandes XXV, S. XI–XIV. Die wichtigsten Hinweise werden in der Einleitung zu vorliegender Studienausgabe aufgenommen und mit einer Diskussion einiger thematischer Schwerpunkte von Husserls Schrift ergänzt.

Das *Sachregister* wurde unter Berücksichtigung des Sachregisters in *Husserliana*, Band XXV, soweit es den Text „Philosophie als strenge Wissenschaft" betrifft, eigens für die Studienausgabe erstellt. Dabei wurden wichtige Stichworte in Anbetracht des knappen Inhaltsverzeichnisses zwecks leichterer Orientierung über den Inhalt des Aufsatzes relativ detailliert nachgewiesen.

Horst D. Brandt vom Lektorat des Felix Meiner Verlags danke ich herzlich für die Anregung zu dieser Studienausgabe und für die gute Zusammenarbeit.

EDMUND HUSSERL

# ¦| PHILOSOPHIE ALS STRENGE WISSENSCHAFT[1] ¦ Hua 3 | Logos 289

Seit den ersten Anfängen hat die Philosophie den Anspruch erhoben, strenge Wissenschaft zu sein, und zwar die Wissenschaft, die den höchsten theoretischen Bedürfnissen Genüge leiste und in ethisch-religiöser Hinsicht ein von reinen Vernunftnormen geregeltes Leben ermögliche. Dieser Anspruch ist bald mit größerer, bald mit geringerer Energie geltend gemacht, aber niemals ganz preisgegeben worden. Auch nicht in den Zeiten, in denen Interessen und Fähigkeiten für reine Theorie zu verkümmern drohten oder religiöse Mächte die Freiheit theoretischer Forschung unterbanden.

Dem Anspruch, strenge Wissenschaft zu sein, hat die Philosophie in keiner Epoche ihrer Entwicklung zu genügen vermocht. Auch nicht in der letzten Epoche, die bei aller Mannigfaltigkeit und Gegensätzlichkeit philosophischer Richtungen in einem wesentlich einheitlichen Entwicklungszuge von der Renaissance bis zur Gegenwart fortgeht. Zwar ist gerade dies das herrschende Ethos der neuzeitlichen Philosophie, daß sie, statt sich naiv dem philosophischen Triebe hinzugeben, vielmehr durch das Medium kritischer Reflexion, in immer tiefer dringenden Forschungen über die Methode, sich als strenge Wissenschaft konstituieren will. Aber die einzige reife Frucht dieser Bemühungen war die Begründung und Verselbständigung der strengen Natur- und Geisteswissenschaften sowie neuer rein mathematischer Disziplinen. Die Philosophie selbst in dem sich nun erst abhebenden besonderen Sinne entbehrte nach wie vor des Charakters strenger Wissenschaft. Schon der Sinn dieser Abhebung verblieb ohne wissenschaftlich sichere Bestimmung. Wie die Philosophie zu den Natur- und Geisteswissenschaften stehe, ob das spezifisch Philosophische ihrer doch auf Natur und Geist wesentlich bezogenen ¦ 4

[1] Zuerst erschienen in: *Logos*, 1, 1911, S. 289–341.

Arbeit prinzipiell neue Einstellungen erfordere, mit denen
290 prinzipiell | eigenartige Ziele und Methoden gegeben seien,
ob also das Philosophische uns gleichsam in eine neue Dimension führe oder sich mit den empirischen Wissenschaften von Natur und Geistesleben in einer und derselben Ebene abspiele: das ist bis heute strittig. Es zeigt, daß nicht einmal der eigentliche Sinn der philosophischen Probleme zu wissenschaftlicher Klärung gekommen ist.

Also die Philosophie, ihrem historischen Absehen nach die höchste und strengste aller Wissenschaften, sie, die den unverlierbaren Anspruch der Menschheit auf reine und absolute Erkenntnis vertritt (und was damit untrennbar eins ist: auf reines und absolutes Werten und Wollen), vermag sich nicht zu wirklicher Wissenschaft zu gestalten. Die berufene Lehrmeisterin am ewigen Werke der Humanität vermag überhaupt nicht zu lehren: in objektiv gültiger Weise zu lehren. Kant liebte es zu sagen, man könne nicht Philosophie, nur Philosophieren lernen. Was ist das anderes als ein Eingeständnis der Unwissenschaftlichkeit der Philosophie. Soweit Wissenschaft, wirkliche Wissenschaft reicht, soweit kann man lehren und lernen, und überall im gleichen Sinne. Nirgend ist ja wissenschaftliches Lernen ein passives Aufnehmen geistesfremder Stoffe, überall beruht es auf Selbsttätigkeit, auf einem inneren Nacherzeugen der von den schöpferischen Geistern gewonnenen Vernunfteinsichten, nach Gründen und Folgen. Philosophie kann man nicht lernen, weil es hier solche objektiv begriffenen und begründeten Einsichten nicht gibt, und was dasselbe besagt, weil es hier noch an begrifflich fest begrenzten und ihrem Sinn nach voll geklärten Problemen, Methoden und Theorien fehlt.

Ich sage nicht, Philosophie sei eine unvollkommene Wissenschaft, ich sage schlechthin, sie sei noch keine Wissenschaft, sie habe als Wissenschaft noch keinen Anfang genommen, und ich nehme dabei als Maßstab ein wenn auch kleines Stück eines objektiv begründeten theoretischen Lehrinhalts. Unvollkommen sind alle Wissenschaften, selbst die vielbewunderten exakten Wissenschaften. Sie sind einerseits un-

vollständig, vor sich den unendlichen Horizont offener Probleme, die den Erkenntnistrieb nimmermehr ruhen lassen werden; sie haben andererseits mancherlei Mängel in dem schon ausgebildeten Lehrgehalt, es zeigen sich da und dort Reste der Unklarheit oder Unvollkommenheiten in der systematischen Ordnung der Beweise und Theorien. Aber wie immer, ein Lehrgehalt ist vorhanden, im¦merfort wachsend und sich neu verzweigend. An der objektiven Wahrheit bzw. objektiv begründeten Wahrscheinlichkeit der wundervollen Theorien der Mathematik und der Naturwissenschaften wird kein Vernünftiger zweifeln. Hier ist – im großen und | gan- 291
zen – kein Raum für private „Meinungen“, „Anschauungen“, „Standpunkte“. Soweit es dergleichen im einzelnen doch gibt, soweit ist die Wissenschaft noch nicht gewordene, sondern werdende Wissenschaft und wird allgemein so beurteilt.[2]

Von ganz anderer Art nun als die soeben beschriebene Unvollkommenheit aller Wissenschaften ist diejenige der Philosophie. Sie verfügt nicht bloß über ein unvollständiges und nur im einzelnen unvollkommenes Lehrsystem, sondern schlechthin über keines. Alles und jedes ist hier strittig, jede Stellungnahme ist Sache der individuellen Überzeugung, der Schulauffassung, des „Standpunktes“.

Was die wissenschaftliche Weltliteratur der Philosophie in alten und neuen Zeiten uns an Entwürfen darbietet, mag auf ernster, ja ungeheurer Geistesarbeit beruhen; noch mehr, es

[2] Natürlich denke ich dabei nicht an die philosophisch-mathematischen und naturphilosophischen Streitfragen, die doch, genau besehen, nicht bloß vereinzelte Punkte des Lehrgehalts, sondern den „Sinn“ der gesamten wissenschaftlichen Leistung der Disziplinen betreffen. Sie können und müssen von den Disziplinen selbst unterschieden bleiben, wie sie ja den meisten Vertretern derselben gleichgültig genug sind. Vielleicht bedeutet das Wort Philosophie in Verbindung mit den Titeln aller Wissenschaften eine Gattung von Untersuchungen, die ihnen allen gewissermaßen eine neue Dimension und damit eine letzte Vollendung geben. Aber das Wort Dimension deutet es zugleich an: Strenge Wissenschaft bleibt Wissenschaft, Lehrgehalt bleibt Lehrgehalt, auch wenn der Übergang in diese neue Dimension noch unterbleibt.

mag der künftigen Etablierung wissenschaftlich strenger Lehrsysteme in hohem Maße vorarbeiten: Aber als ein Fond philosophischer Wissenschaft kann darin vorläufig nichts anerkannt werden, und keine Aussicht besteht, etwa mit der Schere der Kritik da und dort ein Stück philosophischer Lehre herauszuschneiden.

Diese Überzeugung muß wieder einmal schroff und ehrlich ausgesprochen werden und gerade an dieser Stelle, in den Anfängen des *Logos,* der für eine bedeutsame Umwendung der Philosophie Zeugnis ablegen und dem künftigen „System" der Philosophie den Boden bereiten will.

Denn mit der schroffen Betonung der Unwissenschaftlichkeit aller bisherigen Philosophie erhebt sich sogleich die Frage, ob die Philosophie noch weiterhin das Ziel, strenge Wissenschaft zu sein, festhalten will, ob sie es wollen kann und wollen muß. Was soll uns die neue „Umwendung" bedeu-
6 ten? Etwa die Abwendung von der Idee ¦ einer strengen Wissenschaft? Und was soll uns das „System" bedeuten, das wir ersehnen, das uns als Ideal vorleuchten soll in den Niederungen unserer forschenden Arbeit? Ein philosophisches „System" im traditionellen Sinn, gleichsam eine Minerva, die vollendet und gewappnet aus dem Haupte eines schöpferi-
292 schen Genies ent|springt – um dann in späteren Zeiten neben anderen solchen Minerven im stillen Museum der Geschichte aufbewahrt zu werden? Oder ein philosophisches Lehrsystem, das, nach gewaltigen Vorarbeiten von Generationen, von unten her mit zweifelssicherem Fundament wirklich anfängt und wie jeder tüchtige Bau in die Höhe wächst, indem Baustein um Baustein gemäß leitenden Einsichten als feste Gestalt dem Festen angefügt wird? An dieser Frage müssen sich die Geister und die Wege scheiden.

Die für den Fortschritt der Philosophie entscheidenden „Umwendungen" sind diejenigen, in welchen der Anspruch der vorangegangenen Philosophien, Wissenschaft zu sein, durch Kritik ihres vermeintlich wissenschaftlichen Verfahrens zerfällt und nun der vollbewußte Wille, Philosophie im Sinne strenger Wissenschaft radikal neu zu gestalten, der leitende und die Ordnung der Arbeiten bestimmende ist. Alle Denkenergie konzentriert sich zunächst darauf, die von der bisherigen Philosophie naiv übersehenen oder mißverstandenen Bedingungen strenger Wissenschaft durch systematische Erwägung zu entscheidender Klarheit zu bringen, um dann den Neubau eines philosophischen Lehrgebäudes zu versuchen. Ein solcher vollbewußter Wille zu strenger Wissenschaft beherrscht die Sokratisch-Platonische Umwendung der Philosophie und ebenso zu Beginn der Neuzeit die wissenschaftlichen Reaktionen gegen die Scholastik, insbesondere die Cartesianische Umwendung. Ihr Impuls geht über auf die großen Philosophien des 17. und 18. Jahrhunderts, er erneuert sich mit radikalster Gewalt in der Vernunftkritik eines Kant und beherrscht noch das Philosophieren Fichtes. Immer aufs neue richtet sich die Forschung auf die wahren Anfänge, die entscheidenden Problemformulierungen, die rechte Methode.

Erst in der romantischen Philosophie tritt eine Wandlung ein. Wiewohl auch Hegel auf die absolute Gültigkeit seiner Methode und Lehre besteht, so fehlt seinem System die philosophische Wissenschaftlichkeit allererst ermöglichende Vernunftkritik. In Zusammenhang damit aber steht es, daß diese
Philosophie, wie die romantische ¦ Philosophie überhaupt, in 7
der Folgezeit im Sinne sei es einer *Schwächung* oder einer *Verfälschung* des Triebes zur Konstitution strenger philosophischer Wissenschaft gewirkt hat.

Was das letztere, die Tendenz auf Verfälschung, anbelangt, so rief bekanntlich der Hegelianismus mit dem Erstarken der exakten Wissenschaften Reaktionen hervor, infolge deren der *Naturalismus* des 18. Jahrhunderts einen übermächtigen
Auftrieb gewann und | mit seinem alle absolute Idealität und 293
Objektivität der Geltung preisgebenden Skeptizismus die Weltanschauung und Philosophie der neuesten Zeit in vorherrschender Weise bestimmte.

Andererseits, im Sinne einer Schwächung des philosophischen Wissenschaftstriebes, übte die Hegelsche Philosophie Nachwirkungen durch ihre Lehre von der relativen Berechtigung jeder Philosophie für ihre Zeit – eine Lehre, die freilich innerhalb des Systems von prätendierter absoluter Gültigkeit einen ganz anderen Sinn hatte als den historizistischen, mit dem sie von Generationen aufgenommen worden ist, die mit dem Glauben an die Hegelsche Philosophie auch den an eine absolute Philosophie überhaupt verloren hatten. Durch den Umschlag der metaphysischen Geschichtsphilosophie Hegels in einen skeptischen Historizismus ist nun wesentlich bestimmt das Aufkommen der neuen „*Weltanschauungsphilosophie*“, die sich gerade in unseren Tagen rasch auszubreiten scheint und die im übrigen selbst mit ihrer zumeist antinaturalistischen und gelegentlich sogar antihistorizistischen Polemik nichts weniger als skeptisch sein will. Sofern sie aber mindestens in ihrem ganzen Vorhaben und Vorgehen sich nicht mehr von jenem radikalen Willen auf wissenschaftliche Lehre beherrscht zeigt, die den großen Zug der neuzeitlichen Philosophie bis Kant ausgemacht hat, bezog sich speziell auf sie die Rede von einer Schwächung des philosophischen Wissenschaftstriebes.

Die nachfolgenden Ausführungen sind von dem Gedanken getragen, daß die höchsten Interessen menschlicher Kultur die Ausbildung einer streng wissenschaftlichen Philosophie fordern; daß somit, wenn eine philosophische Umwendung in unserer Zeit Recht haben soll, sie jedenfalls von der Intention auf eine Neubegründung der Philosophie im Sinne strenger Wissenschaft beseelt sein muß. Diese Intention ist der Gegenwart keineswegs fremd. Sie ist voll lebendig gerade innerhalb
8 des herrschenden Naturalismus. Von An ¦ fang an geht er, und mit aller Entschiedenheit, der Idee einer streng wissenschaftlichen Reform der Philosophie nach und glaubt sogar jederzeit, mit seinen früheren, wie mit seinen modernen Gestaltungen, sie schon verwirklicht zu haben. Aber all das vollzieht sich, prinzipiell betrachtet, in einer Form, die theoretisch von Grund auf verfehlt ist, so wie sie praktisch eine wachsende Gefahr für unsere Kultur bedeutet. An der naturalistischen Philosophie radikale Kritik zu üben ist heutzutage eine wich-

tige Angelegenheit. Ganz besonders bedarf es, gegenüber der bloß widerlegenden Kritik aus den Konsequenzen, einer positiven Kritik an den Grundlagen und Methoden. Nur sie ist geeignet, das Vertrauen auf die Möglichkeit einer wissen-
schaft|lichen Philosophie ungebrochen zu erhalten, das 294
durch die Erkenntnis der widersinnigen Konsequenzen des auf der strengen Erfahrungswissenschaft sich aufbauenden Naturalismus bedroht ist. Solcher positiven Kritik dienen die Ausführungen des ersten Teiles dieser Abhandlung.

Was aber die vielbemerkte Umwendung unserer Zeit anlangt, so ist sie zwar – und das ist ihr Recht – im wesentlichen antinaturalistisch gerichtet, aber unter dem Einfluß des Historizismus scheint sie von den Linien wissenschaftlicher Philosophie abführen und in bloße Weltanschauungsphilosophie einmünden zu wollen. Der prinzipiellen Erörterung des Unterschiedes dieser beiden Philosophien und der Erwägung ihres relativen Rechtes ist der zweite Teil gewidmet.

## NATURALISTISCHE PHILOSOPHIE

Der Naturalismus ist eine Folgeerscheinung der Entdeckung der Natur, der Natur im Sinne einer Einheit des räumlich-zeitlichen Seins nach exakten Naturgesetzen. Mit der schrittweisen Realisierung dieser Idee in immer neuen, eine Überfülle strenger Erkenntnisse begründenden Naturwissenschaften greift auch der Naturalismus immer weiter um sich. Ganz ähnlich ist später, als Folgeerscheinung der „Entdeckung der Geschichte“ und der Begründung immer neuer Geisteswissenschaften, der Historizismus erwachsen. Den herrschenden Auffassungsgewohnheiten entsprechend neigt eben der Naturwissenschaftler dazu, alles als Natur, der Geisteswissenschaftler als Geist, als historisches Gebilde anzusehen und demgemäß, was so nicht angesehen werden kann, zu mißdeu-
ten. Der ¦ Naturalist also, um uns jetzt ihm besonders zuzu- 9
wenden, sieht nichts anderes als Natur und zunächst physische Natur. Alles, was ist, ist entweder selbst physisch, es

gehört dem einheitlichen Zusammenhang der physischen Natur an, oder es ist zwar Psychisches, aber dann bloße abhängige Veränderliche von Physischem, bestenfalls eine sekundäre „parallele Begleittatsache“. Alles Seiende ist psychophysischer Natur, das ist nach fester Gesetzlichkeit eindeutig bestimmt. Nichts für uns Wesentliches ändert sich an dieser Auffassung, wenn im Sinne des Positivismus (sei es des an einen naturalistisch gedeuteten Kant sich anlehnenden, sei es Hume erneuernden und konsequent ausgestaltenden) die physische Natur in Empfindungskomplexe sensualistisch aufgelöst wird, in Farben, Töne, Drücke etc., ebenso aber auch das sogenannte Psychische in ergänzende Komplexe derselben oder noch anderer „Empfindungen“.

Was alle Formen des extremen und konsequenten Naturalismus, angefangen vom populären Materialismus bis zum neuesten Empfindungsmonismus und Energetismus, charak-
295 terisiert, ist einerseits die | *Naturalisierung des Bewußtseins*, einschließlich aller intentional-immanenten Bewußtseinsgegebenheiten; andererseits die *Naturalisierung der Ideen* und damit aller absoluten Ideale und Normen.

In letzterer Hinsicht hebt er sich, ohne es zu bemerken, selbst auf. Nehmen wir als exemplarischen Index aller Idealität die formale Logik, so werden bekanntlich die formallogischen Prinzipien, die sog. Denkgesetze, vom Naturalismus als Naturgesetze des Denkens gedeutet. Daß dies einen Widersinn jener Art mit sich führt, der jede in einem prägnanten Sinn skeptische Theorie charakterisiert, ist an anderem Orte ausführlich nachgewiesen worden.[3] Man kann auch die naturalistische Axiologie und Praktik, darunter die Ethik, einer ähnlichen radikalen Kritik unterwerfen und ebenso die naturalistische Praxis selbst. Denn den theoretischen Widersinnigkeiten folgen unvermeidlich Widersinnigkeiten (evidente Unstimmigkeiten) im aktuellen theoretischen, axiologischen, ethischen Verhalten. Der Naturalist ist, kann man alles in allem sagen, in seinem Verhalten Idealist

[3] Vgl. meine *Logischen Untersuchungen*, I. Band, 1900.

und Objektivist. Er ist erfüllt vom Streben, wissenschaftlich, also jeden Vernünftigen bindend, zur Erkenntnis zu bringen, was überall echte Wahrheit, das echte Schöne und Gute sei, wie es dem allge¦meinen Wesen nach zu bestimmen, nach 10
welcher Methode es im Einzelfall zu gewinnen sei. Durch Naturwissenschaft und naturwissenschaftliche Philosophie, glaubt er, sei das Ziel der Hauptsache nach erreicht, und mit aller Begeisterung, die dieses Bewußtsein gibt, tritt er nun für das „naturwissenschaftlich" Wahre, Gute und Schöne als Lehrer und praktischer Reformator ein. Er ist aber ein Idealist, der Theorien aufstellt und vermeintlich begründet, die eben das negieren, was er in seinem idealistischen Verhalten, sei es Theorien bauend, sei es Werte oder praktische Normen als die schönsten und besten zugleich begründend und empfehlend, voraussetzt. Nämlich voraussetzt, sofern er überhaupt theoretisiert, sofern er überhaupt Werte objektiv hinstellt, denen das Werten gemäß sein soll, und ebenso überhaupt praktische Regeln, denen gemäß jedermann wollen und handeln soll. Der Naturalist lehrt, predigt, moralisiert, reformiert.[4] Aber er leugnet, was jede Predigt, jede Forderung als solche ihrem Sinne nach voraussetzt. Nur predigt er nicht wie der antike Skeptizismus, *expressis verbis:* Das einzig Vernünftige sei, Vernunft – wie theoretische, so axiologische und praktische Vernunft – zu leugnen. Ja er würde dergleichen sogar weit von sich weisen. Der | Widersinn liegt bei ihm nicht of- 296
fen, sondern ihm selbst verborgen darin, daß er die Vernunft naturalisiert.

In dieser Hinsicht ist der Streit sachlich entschieden, möge auch die Flutwelle des Positivismus und des ihn im Relativismus überbietenden Pragmatismus noch weiter steigen. Freilich zeigt sich gerade in diesem Umstand, wie gering die praktisch wirksame Kraft von Argumenten aus den Konsequenzen ist. Vorurteile machen blind, und wer nur Erfahrungstatsachen sieht und nur Erfahrungswissenschaft inner-

[4] Häckel und Ostwald können uns dabei als hervorragende Repräsentanten dienen.

lich gelten läßt, wird sich durch widersinnige Konsequenzen nicht sehr gestört fühlen, die sich nicht in der Erfahrung als Widersprüche gegen Fakta der Natur ausweisen lassen. Er wird sie als „Scholastik“ beiseite schieben. Die Argumentation aus den Konsequenzen übt aber auch nach der anderen Seite, nämlich bei den für ihre schlagende Kraft Empfänglichen, gar leicht eine Fehlwirkung. Dadurch, daß der Naturalismus völlig diskreditiert erscheint, er, der Philosophie auf Grund strenger Wissenschaft und als strenge Wissenschaft gestalten wollte, erscheint nun auch sein methodisches Ziel selbst
11 als diskreditiert, und dies um so mehr, als ¦ auch auf dieser Seite die Neigung verbreitet ist, sich strenge Wissenschaft nur als positive Wissenschaft und eine wissenschaftliche Philosophie nur als auf solche Wissenschaft fundierte denken zu können. Indessen, das ist auch nur Vorurteil, und darum von der Linie strenger Wissenschaft abbiegen zu wollen wäre grundverkehrt. Gerade in der Energie, mit welcher der Naturalismus das Prinzip strenger Wissenschaftlichkeit in allen Sphären der Natur und des Geistes, in Theorie und in Praxis zu realisieren sucht und mit der er darnach strebt, die philosophischen Seins- und Wertprobleme wissenschaftlich – nach seiner Meinung „exakt naturwissenschaftlich“ – zu lösen, liegt sein Verdienst und zugleich ein Hauptteil seiner Kraft in unserer Zeit. Vielleicht gibt es im ganzen neuzeitlichen Leben keine mächtiger, unaufhaltsamer vordringende Idee als die der Wissenschaft. Ihren Siegeslauf wird nichts hemmen. Sie ist in der Tat ihren rechtmäßigen Zielen nach allumspannend. In idealer Vollendung gedacht, wäre sie die Vernunft selbst, die neben und über sich keine Autorität mehr haben könnte. In die Domäne der strengen Wissenschaft gehören also gewiß auch all die theoretischen, axiologischen, praktischen Ideale, die der Naturalismus, indem er sie empiristisch umdeutet, zugleich verfälscht.

Indessen, allgemeine Überzeugungen besagen wenig, wenn man sie nicht begründen, Hoffnungen auf eine Wissenschaft wenig, wenn man zu ihren Zielen keine Wege zu ersehen vermag. Soll also die Idee einer Philosophie, als strenger

Wissenschaft von den bezeichneten und allen wesensver-
wandten Problemen, nicht kraftlos bleiben, | so müssen wir 297
klare Möglichkeiten vor Augen haben, sie zu realisieren, es
müssen sich uns durch Klärung der Probleme, durch Vertie-
fung in deren reinen Sinn, volleinsichtig die Methoden ent-
gegendrängen, die solchen Problemen adäquat, weil durch
ihr eigenes Wesen gefordert sind. Das gilt es zu leisten und
so in eins das lebendig-tätige Vertrauen auf die Wissenschaft
und zugleich ihren wirklichen Anfang zu gewinnen. In dieser
Hinsicht leistet uns die sonst ja nützliche und unentbehrliche
Widerlegung des Naturalismus aus den Konsequenzen sehr
wenig. Ganz anders, wenn wir an seinen Grundlagen, seinen
Methoden, seinen Leistungen die nötige positive und dabei
immer prinzipielle Kritik üben. Indem die Kritik scheidet
und klärt, indem sie dazu zwingt, dem eigentlichen Sinn der
philosophischen Motive nachzugehen, die meist so vage und
vieldeutig als Probleme formuliert werden, ist sie geeignet,
die Vorstellungen bes¦serer Ziele und Wege zu wecken und 12
unser Vorhaben positiv zu fördern. In dieser Absicht bespre-
chen wir ausführlicher den oben besonders hervorgehobenen
Charakter der bekämpften Philosophie, nämlich die *Natu-
ralisierung des Bewußtseins*. Die tieferen Zusammen-
hänge mit den berührten skeptischen Konsequenzen werden
im folgenden von selbst hervortreten und ebenso die ganze
Weite, in der unser zweiter Vorwurf, die Naturalisierung der
Ideen anlangend, gemeint und zu begründen ist, verständlich
werden.

*

Wir knüpfen unsere kritischen Analysen natürlich nicht an die mehr populären Reflexionen philosophierender Naturforscher an, sondern beschäftigen uns mit der in wirklich wissenschaftlichem Rüstzeug auftretenden gelehrten Philosophie. Insbesondere aber mit einer Methode und Disziplin, durch welche sie glaubt, endgültig den Rang einer exakten Wissenschaft erklommen zu haben. Sie ist darin so sicher, daß sie auf jedes andere Philosophieren mit Geringschätzung her-

absieht. Zu ihrem exakt wissenschaftlichen Philosophieren stehe es so wie die trübe Naturphilosophie der Renaissance zur jugendkräftigen exakten Mechanik eines Galilei oder wie die Alchemie zur exakten Chemie eines Lavoisier. Fragen wir nun nach der exakten, wenn auch noch beschränkt ausgebauten Philosophie, dem Analogon der exakten Mechanik, so werden wir auf die psychophysische und ganz besonders die experimentelle Psychologie hingewiesen, der doch niemand den Rang einer strengen Wissenschaft wird abstreiten können. Sie sei die so lang gesuchte, nun endlich zur Tat gewordene exakt-wissenschaftliche Psychologie. Logik und Erkenntnistheorie, Ästhetik, Ethik und Pädagogik hätten durch sie endlich ihr wissenschaftliches Fundament gewonnen, ja
298 sie seien schon | im vollen Zuge, sich zu experimentellen Disziplinen umzubilden. Im übrigen sei die strenge Psychologie selbstverständlich die Grundlage aller Geisteswissenschaften und nicht minder auch der Metaphysik. In letzterer Hinsicht freilich nicht das bevorzugte Fundament, da in gleichem Umfange auch die physische Naturwissenschaft an der Fundamentierung dieser allgemeinsten Wirklichkeitslehre beteiligt sei.

Demgegenüber unsere Einwände: Zunächst ist, wie eine kurze Überlegung lehren würde, einzusehen, daß Psycholo-
13 gie überhaupt, ¦ als Tatsachenwissenschaft, ungeeignet ist, Fundamente für diejenigen philosophischen Disziplinen abzugeben, die es mit den reinen Prinzipien aller Normierung zu tun haben, also der reinen Logik, der reinen Axiologie und Praktik. Eine nähere Ausführung können wir uns ersparen: Sie würde uns offenbar zu den schon besprochenen skeptischen Widersinnigkeiten zurückführen. Was aber die Erkenntnistheorie anlangt, die wir ja von der reinen Logik, im Sinne der reinen *mathesis universalis,* trennen (als welche ⟨sie⟩ es nicht mit dem Erkennen zu tun hat), so kann gegen den erkenntnistheoretischen Psychologismus und Physizismus manches gesagt werden, wovon einiges hier angedeutet werden soll.

Alle Naturwissenschaft ist ihren Ausgangspunkten nach naiv. Die Natur, die sie erforschen will, ist für sie einfach da. Selbstverständlich sind Dinge, sind als ruhende, sich bewegende, sich verändernde im unendlichen Raum und als zeitliche Dinge in der unendlichen Zeit. Wir nehmen sie wahr, wir beschreiben sie in schlichten Erfahrungsurteilen. Diese selbstverständlichen Gegebenheiten in objektiv gültiger, streng wissenschaftlicher Weise zu erkennen, das ist das Ziel der Naturwissenschaft. Ähnliches gilt von der Natur im erweiterten, psychophysischen Sinne bzw. den sie erforschenden Wissenschaften, also insbesondere der Psychologie. Das Psychische ist nicht eine Welt für sich, es ist gegeben als Ich oder Icherlebnis (in einem übrigens sehr verschiedenen Sinne), und dergleichen zeigt sich erfahrungsmäßig gebunden an gewisse physische Dinge, genannt Leiber. Auch das ist eine selbstverständliche Vorgegebenheit. Dieses Psychische nun, im psychophysischen Naturzusammenhang, in dem es selbstverständlich da ist, wissenschaftlich erforschen, es objektiv gültig bestimmen, die Gesetzmäßigkeiten seines sich Bildens und sich Umbildens, seines Kommens und Gehens entdecken, das ist die Aufgabe der Psychologie. Alle psychologische Bestimmung ist *eo ipso* psychophysische, nämlich in dem weitesten Sinne (den wir von nun an festhalten), daß sie eine nie fehlende physische Mitbedeutung hat. Auch wo die Psychologie – die Erfahrungswissenschaft – es auf Bestimmung | von 299
bloßen Bewußtseinsvorkommnissen abgesehen hat und nicht auf psychophysische Abhängigkeiten im gewöhnlichen engeren Sinne, sind diese Vorkommnisse doch als solche der Natur gedacht, d.i. als zugehörig zu menschlichen oder tierischen Bewußtseinen, die ihrerseits eine selbstverständliche und mitaufgefaßte Anknüpfung an Menschen- oder Tierleiber haben. Die Aus¦schaltung der Naturbeziehung würde dem Psychi- 14
schen den Charakter der objektiv-zeitlich bestimmbaren Naturtatsache, kurzum der psychologischen Tatsache nehmen. Halten wir also fest: Jedes psychologische Urteil schließt die existenziale Setzung der physischen Natur in sich, ob nun ausdrücklich oder nicht.

Danach ist folgendes einleuchtend: Sollte es entscheidende Argumente geben, um derentwillen die physische Naturwissenschaft nicht Philosophie im spezifischen Sinne sein, nie und nimmer der Philosophie als Grundlage dienen und nur auf Grund vorausgehender Philosophie philosophische Verwertung zu Zwecken der Metaphysik gewinnen kann: dann müßten alle solchen Argumente ohne weiteres Anwendung finden auf die Psychologie.

Nun fehlt es an solchen Argumenten keineswegs.

Es genügt, nur an die „Naivität" zu erinnern, mit der, gemäß dem oben Gesagten, Naturwissenschaft Natur als gegeben hinnimmt, eine Naivität, die in ihr sozusagen unsterblich ist und sich z. B. an jeder Stelle ihres Verfahrens neu wiederholt, wo sie auf schlichte Erfahrung rekurriert – und schließlich führt ja *alle* erfahrungswissenschaftliche Methode eben auf Erfahrung zurück. Die Naturwissenschaft ist allerdings *in ihrer Art* sehr kritisch. Bloße vereinzelte, wenn auch gehäufte Erfahrung gilt ihr noch sehr wenig. In der methodischen Anordnung und Verknüpfung der Erfahrungen, in dem Wechselspiel zwischen Erfahren und Denken, das seine logisch festen Regeln hat, scheidet sich gültige und ungültige Erfahrung, erhält jede Erfahrung ihren abgestuften Geltungswert und arbeitet sich überhaupt objektiv gültige Erkenntnis, Naturerkenntnis heraus. Aber wie sehr diese Art der Erfahrungskritik uns befriedigen mag, solange wir in der Naturwissenschaft stehen und in ihrer Einstellung denken – eine ganz andere Erfahrungskritik ist noch möglich und unerläßlich, eine Kritik, die die gesamte Erfahrung überhaupt und das erfahrungswissenschaftliche Denken zugleich in *Frage* stellt.

Wie Erfahrung als Bewußtsein einen Gegenstand geben oder treffen könne; wie Erfahrungen durch Erfahrungen sich wechselseitig berechtigen oder berichtigen können und nicht nur sich subjektiv aufheben oder sich subjektiv verstärken; wie ein Spiel des erfahrungslogischen Bewußtseins objektiv
300 Gültiges, für an und für sich seiende | Dinge Gültiges besagen soll; warum sozusagen Spielregeln des Bewußtseins nicht für

die Dinge irrelevant sind; wie Naturwissenschaft in allem und jedem verständlich werden soll, sofern sie in ¦ jedem 15
Schritte an sich seiende Natur zu setzen und zu erkennen vermeint – an sich seiend gegenüber dem subjektiven Fluß des Bewußtseins –, das alles wird zum Rätsel, sowie die Reflexion sich darauf ernstlich richtet. Bekanntlich ist die Erkenntnistheorie die Disziplin, welche solche Fragen beantworten will und bisher, trotz aller Denkarbeit, welche die größten Forscher an sie gewendet haben, wissenschaftlich klar, einstimmig, entscheidend nicht beantwortet hat.

Es bedarf nur strenger Konsequenz in der Festhaltung des Niveaus dieser Problematik (einer Konsequenz, die freilich *allen* bisherigen Erkenntnistheorien gefehlt hat), um den *Widersinn* einer „naturwissenschaftlichen Erkenntnistheorie“ einzusehen, also auch den jeder psychologischen. Sind, allgemein gesprochen, gewisse Rätsel der Naturwissenschaft prinzipiell immanent, so sind ihr selbstverständlich deren Lösungen nach Prämissen und Ergebnissen prinzipiell transzendent. Die Lösung[5] eines jeden Problems, das der Naturwissenschaft als *solcher* anhaftet – also ihr durch und durch, von Anfang bis Ende anhaftet –, von der Naturwissenschaft selbst erwarten zu wollen oder auch nur zu meinen, daß sie für die Lösung eines derartigen Problems irgendwelche *Prämissen* beisteuern könne, das heißt, sich in einem widersinnigen Zirkel bewegen.

Es wird auch klar, daß wie jede wissenschaftliche, so jede vorwissenschaftliche Ansetzung der Natur in einer Erkenntnistheorie, die ihren einstimmigen Sinn behalten soll, prinzipiell ausgeschaltet bleiben muß und damit alle Aussagen, welche *thetische* Existenzialsetzungen von Dinglichkeiten mit Raum, Zeit, Kausalität etc. implizieren. Das erstreckt sich offenbar auch auf alle Existenzsetzungen, welche das Dasein des forschenden Menschen, seiner psychischen Vermögen u. dgl. betreffen.

[5] *Handexemplar Randbemerkung* antipsychologistische Formel der Methode.

Ferner: Wenn Erkenntnistheorie gleichwohl die Probleme des Verhältnisses von Bewußtsein und Sein erforschen will, so kann sie nur Sein als *correlatum* von Bewußtsein vor Augen haben, als bewußtseinsmäßig „Gemeintes“: als Wahrgenommenes, Erinnertes, Erwartetes, bildlich Vorgestelltes, Phantasiertes, Identifiziertes, Unterschiedenes, Geglaubtes, Vermutetes, Gewertetes usw. Man sieht dann, daß die Forschung gerichtet sein muß auf eine wissenschaftliche Wesenserkenntnis des Bewußtseins, auf das, was Bewußtsein
16 in ¦ allen seinen unterscheidbaren Gestaltungen *selbst*, seinem *Wesen* nach, „ist“, zugleich aber auf das, was es „*bedeutet*“, sowie auf die verschiedenen Weisen, in denen es –
301 dem Wesen | dieser Gestaltungen gemäß – bald klar, bald unklar, bald gegenwärtigend oder vergegenwärtigend, bald signitiv oder bildlich, bald schlicht, bald denkmäßig vermittelt, bald in dem oder in jenem attentionalen Modus und so in unzähligen anderen Formen – *Gegenständliches* meint und es evtl. als „gültig“, „wirklich“ Seiendes „erweist“.

Jede Gegenstandsart, die Objekt einer vernünftigen Rede, einer vorwissenschaftlichen und dann wissenschaftlichen Erkenntnis sein soll, muß sich in der Erkenntnis, also im Bewußtsein selbst, bekunden und sich, dem Sinne aller Erkenntnis gemäß, zur *Gegebenheit* bringen lassen. Alle Bewußtseinsarten, so wie sie sich unter dem Titel Erkenntnis sozusagen teleologisch ordnen und, näher, sich den verschiedenen Gegenstands-Kategorien gemäß gruppieren – als die ihnen speziell entsprechenden Gruppen von Erkenntnisfunktionen –, müssen sich in ihrem Wesenszusammenhange und ihrer Rückbeziehung auf die zu ihnen gehörigen Formen des Gegebenheitsbewußtseins studieren lassen. So muß sich der Sinn der Rechtsfrage, der an alle Erkenntnisakte zu stellen ist, verstehen, das Wesen von begründeter Rechtsausweisung und von idealer Begründbarkeit oder Gültigkeit völlig aufklären lassen, und zwar für alle Erkenntnisstufen, zuhöchst für die wissenschaftliche Erkenntnis.

Was das besage, daß Gegenständlichkeit sei und sich als seiende und so seiende erkenntnismäßig ausweise, das muß

eben rein aus dem Bewußtsein selbst evident und somit restlos
verständlich werden. Und dazu bedarf es des Studiums des
ganzen Bewußtseins, da es nach allen seinen Gestaltungen
in mögliche Erkenntnisfunktionen tritt. Sofern aber jedes Be-
wußtsein „Bewußtsein von“ ist, schließt das Wesensstudium
des Bewußtseins auch dasjenige der Bewußtseinsbedeutung
und Bewußtseinsgegenständlichkeit als solcher ein. Irgend-
welche Art von Gegenständlichkeit nach ihrem allgemeinen
Wesen studieren (ein Studium, das Interessen verfolgen kann,
die der Erkenntnistheorie und Bewußtseinsforschung fernlie-
gen), das heißt, ihren Gegebenheitsweisen nachgehen und in
den zugehörigen Prozessen der „Klärung“ ihren Wesensgehalt
ausschöpfen. Ist hier die Einstellung auch nicht die auf die
Bewußtseinsweisen und deren Wesenserforschung, so bringt
es die Methode der ¦ Klärung doch mit sich, daß selbst dabei 17
der Reflexion auf die Gemeintheits- und Gegebenheitswei-
sen nicht entraten werden kann. Jedenfalls ist aber umge-
kehrt für die Wesensanalyse des Bewußtseins die Klärung
aller Grundarten von Gegenständlichkeiten unentbehrlich
und sonach in ihr mitbeschlossen; erst recht aber in einer
erkenntnistheoretischen Analyse, die ja ihre Aufgabe in der
Erforschung der Korrelationen sieht. | Demnach befassen wir 302
alle solchen wenn auch relativ zu trennenden Studien unter
dem Titel phänomenologische.

Wir stoßen damit auf eine Wissenschaft – von deren gewaltigem Umfang die Zeitgenossen noch keine Vorstellung haben –, die zwar Wissenschaft vom Bewußtsein und doch nicht Psychologie ist, auf eine Phänomenologie des Bewußtseins gegenüber einer Naturwissenschaft vom Bewußtsein. Da es sich hier doch wohl nicht um eine zufällige Äquivokation handeln wird, so ist im voraus zu erwarten, daß Phänomenologie und Psychologie in sehr nahen Beziehungen stehen müssen, sofern beide es mit dem Bewußtsein, wenn auch in verschiedener Weise, in einer verschiedenen „Einstellung“ zu tun haben; was wir dadurch ausdrücken mögen, daß die Psychologie es mit dem „empirischen Bewußtsein“ zu tun habe, mit dem Bewußtsein in der Erfahrungseinstellung, als Daseiendem im Zusammenhang der Natur; hingegen die Phänomenologie mit dem „reinen“ Bewußtsein, d. i. dem Bewußtsein in der phänomenologischen Einstellung.

Ist dies richtig, dann würde hervorgehen, daß, unbeschadet der Wahrheit, daß Psychologie ebensowenig Philosophie ist und sein kann als die physische Naturwissenschaft, sie doch der Philosophie – nämlich durch das Medium der Phänomenologie – aus wesentlichen Gründen näherstehen und in ihrem Schicksal mit ihr auch aufs innigste verflochten bleiben müsse. Es würde sich schließlich voraussehen lassen, daß jede psychologistische Erkenntnistheorie dadurch zustande kommen muß, daß sie, den eigentlichen Sinn der erkenntnistheoretischen Problematik verfehlend, einer vermutlich naheliegenden Verwechslung zwischen reinem und empirischem Bewußtsein unterliegt, oder was dasselbe besagt: daß sie das reine Bewußtsein „naturalisiert“.

Dies ist in der Tat meine Auffassung, und sie soll im weiteren noch manche Erläuterung finden.

18 * ¦

Was soeben in allgemeiner Andeutung gesagt und insbesondere, was von der nahen Affinität von Psychologie und Philosophie gesagt wurde, stimmt allerdings sehr wenig zu der *modernen exakten Psychologie*, die der Philosophie so fremd ist wie nur irgend möglich. Aber wie sehr diese Psychologie sich um der experimentellen Methode willen für die einzig wissenschaftliche halten und auf die „Schreibtisch-Psychologie“ herabsehen mag: die Meinung, sie sei die Psychologie, die psychologische Wissenschaft im vollen Sinne, muß ich für eine folgenschwere Verirrung erklären. Der durchgehende Grundzug dieser Psychologie ist die Beiseite-
303 schiebung jeder direkten und reinen | Bewußtseinsanalyse – nämlich der systematisch zu vollziehenden „Analyse“ und „Deskription“ der in den verschiedenen möglichen Richtungen immanenten Schauens sich darbietenden Gegebenheiten – zugunsten all der indirekten Fixierungen psychologischer

oder psychologisch relevanter Tatsachen, die ohne eine solche Bewußtseinsanalyse einen mindestens äußerlich verständlichen Sinn haben. Für die experimentelle Feststellung ihrer psychophysischen Regelmäßigkeiten langt sie eben mit rohen Klassenbegriffen wie Wahrnehmung, Phantasieanschauung, Aussage, Rechnen und Verrechnen, Größenschätzen, Wiedererkennen, Erwarten, Behalten, Vergessen usw. aus; wie freilich auch umgekehrt der Fond von solchen Begriffen, mit dem sie operiert, ihre Fragestellungen und die ihr zugänglichen Feststellungen umgrenzt.

Man kann wohl sagen, daß sich die experimentelle Psychologie zur originären Psychologie analog verhält wie die Sozialstatistik zur originären Sozialwissenschaft. Eine solche Statistik sammelt wertvolle Tatsachen, entdeckt in ihnen wertvolle Regelmäßigkeiten, aber von sehr mittelbarer Art. Deren ausdeutendes Verständnis, deren wirkliche Erklärung kann nur eine originäre Sozialwissenschaft vollziehen, d.i. eine Sozialwissenschaft, welche sich die soziologischen Phänomene zu direkter Gegebenheit bringt und ihrem Wesen nach erforscht. Ähnlich ist die experimentelle Psychologie eine Methode, evtl. wertvolle psychophysische Tatsachen und Regelungen festzustellen, die aber ohne systematische, das Psychische immanent erforschende Bewußtseinswissenschaft jeder Möglichkeit tieferen Verständnisses und endgültiger wissenschaftlicher Verwertung entbehren.

Daß hier ein großer Mangel ihres Verfahrens liegt, kommt der exakten Psychologie nicht zum Bewußtsein, und dies
um so weniger, ¦ je lebhafter sie sich gegen die Methode der 19
Selbstbeobachtung ereifert und je mehr Energie sie daran setzt, durch die experimentelle Methode *deren* Mängel zu überwinden; das ist aber, Mängel einer Methode zu überwinden, die, wie man nachweisen kann, für das hier zu Leistende gar nicht in Frage kommt. Der Zwang der Sachen, die eben psychische sind, erweist sich aber zu stark, als daß nicht doch zwischendurch Bewußtseinsanalysen vollzogen würden. Nur sind diese dann in der Regel von einer phänomenologischen Naivität, die in merkwürdigem Kontrast steht zu dem un-

zweifelhaften Ernst, mit dem diese Psychologie Exaktheit anstrebt und in manchen Sphären (bei Bescheidung hinsichtlich ihrer Ziele) auch erreicht. Das letztere gilt überall da, wo die experimentellen Feststellungen die subjektiven sinnlichen Erscheinungen betreffen, deren Beschreibung und Bezeichnung genau so wie bei den „objektiven“ Erscheinungen zu
304 vollziehen | ist; nämlich ohne jedes Hereinziehen der in die eigentliche Bewußtseinssphäre überführenden Begriffe und Klärungen; ferner, wo die Feststellungen sich auf grob umrissene Klassen von eigentlich Psychischem beziehen, wie sie ohne tiefere Bewußtseinsanalyse sich von vornherein ausreichend darbieten, wofern man nur darauf verzichtet, dem eigentlich psychologischen Sinn der Feststellungen nachzugehen.

Der Grund aber des Verfehlens alles Radikal-Psychologischen bei den gelegenheitlichen Analysen liegt darin, daß erst in einer reinen und systematischen Phänomenologie der Sinn und die Methode der hier zu leistenden Arbeit hervortritt sowie zugleich der ungeheure Reichtum an Bewußtseinsdifferenzen, die dem methodisch Unerfahrenen unterschiedslos ineinanderfließen. Auf diese Weise wird die moderne exakte Psychologie gerade dadurch, daß sie sich schon für methodisch vollkommen und streng wissenschaftlich hält, *de facto* unwissenschaftlich, wo immer sie dem Sinn des Psychischen, das in die psychophysischen Regelmäßigkeiten eintritt, nachgehen, d. h. zu wirklich psychologischem Verständnis durchdringen will; wie umgekehrt in all den Fällen, wo die Mängel der ungeklärten Vorstellungen von Psychischem bei dem Bemühen nach tiefer dringenden Erkenntnissen zu unklaren Problemstellungen und demgemäß zu bloßen Scheinergebnissen führen. Die experimentelle Methode ist unerläßlich, wie überall, wo es sich um Fixierung von intersubjektiven Tatsachenzusammenhängen handelt. Aber sie setzt voraus, was kein Experiment zu leisten vermag, die Analyse des
20 Bewußtseins selbst. ¦ Die wenigen Psychologen, die, gleich Stumpf, Lipps und sonst ihnen nahestehenden Männern, diesen Mangel der experimentellen Psychologie erkannt, die

den im großen Sinne epochemachenden Anstoß Brentanos zu würdigen vermocht haben und sich nun darum mühten, dessen Anfänge einer analytisch deskriptiven Durchforschung der intentionalen Erlebnisse fortzuführen, werden entweder von den experimentellen Fanatikern nicht als voll angesehen oder, wenn sie experimentell tätig waren, nur in dieser Hinsicht gewürdigt. Und immer wieder werden sie als Scholastiker bekämpft. Es wird künftigen Generationen verwunderlich genug sein, daß die ersten neueren Versuche, das Immanente ernstlich und in der einzig möglichen Weise einer immanenten Analyse, oder wie wir mit besserer Einsicht sagen, einer Wesensanalyse zu erforschen, als Scholastiker gescholten und beiseite geschoben werden konnten. Es geschieht aus keinem anderen Grunde, als weil die natürlichen Ausgangspunkte solcher Untersuchungen die sprachüblichen Bezeichnungen von Psychischem sind und dann, im Einleben in ihre Bedeutungen, nach den Phänomenen gefragt wird, auf die sich solche Bezeichnungen zunächst vage und | äqui- 305
vok beziehen. Gewiß, auch der scholastische Ontologismus läßt sich von der Sprache leiten (womit ich nicht sage, daß alle scholastische Forschung eine ontologistische war), aber sie verliert sich darin, aus den Wortbedeutungen analytische Urteile zu ziehen, in der Meinung, damit Erkenntnis von Tatsachen gewonnen zu haben. Der phänomenologische Analyst, der aus den Wortbegriffen überhaupt keine Urteile zieht, sondern in die Phänomene hineinschaut, welche die Sprache durch die betreffenden Worte anregt, oder in die Phänomene sich vertieft, welche das vollanschauliche Realisieren von Erfahrungsbegriffen, mathematischen Begriffen usw. ausmachen – soll *darum* auch als Scholastiker gebrandmarkt werden?

Es ist zu bedenken, daß alles Psychische, wofern es in derjenigen vollen Konkretion genommen wird, in der es für die Psychologie wie für die Phänomenologie erstes Untersuchungsobjekt sein muß, den Charakter eines mehr oder minder komplexen „Bewußtseins von“ hat; daß dieses „Bewußtsein von“ eine verwirrende Fülle von Gestaltungen hat; daß

alle Ausdrücke, die zu Beginn der Untersuchung der Selbstverständigung und objektiven Beschreibung dienen könnten, fließend und vieldeutig sind und daß somit der erste Anfang selbstverständlich kein anderer sein kann, als die zunächst
21 sichtlich ¦ werdenden, gröbsten Äquivokationen klarzulegen. Eine endgültige Fixierung der wissenschaftlichen Sprache setzte die vollendete Analyse der Phänomene voraus – ein Ziel, das in grauer Ferne liegt –, und solange diese nicht geleistet ist, bewegt sich auch der Fortschritt der Untersuchung, äußerlich betrachtet, in einem erheblichen Umfange in Form von Nachweisungen neuer, nun erst sichtlich gewordener Vieldeutigkeiten, und zwar an den in den vorangegangenen Untersuchungen vermeintlich schon fixierten Begriffen. Das ist offenbar unvermeidlich, weil in der Natur der Sachen wurzelnd. Danach ist die Tiefe des Verständnisses und die abschätzige Art zu beurteilen, mit der die berufenen Hüter der Exaktheit und Wissenschaftlichkeit der Psychologie von „bloß verbalistischen", bloß „grammatischen" und „scholastischen" Analysen sprechen.

In der Epoche lebendiger Reaktion gegen die Scholastik war der Feldruf: Weg mit den hohlen Wortanalysen. Die Sachen selbst müssen wir befragen. Zurück zur Erfahrung, zur Anschauung, die unseren Worten allein Sinn und vernünftiges Recht geben kann. Ganz trefflich! Aber was sind denn die Sachen, und was ist das für eine Erfahrung, auf welche wir in der Psychologie zurückgehen müssen? Sind etwa die Aussagen, die wir den Versuchspersonen im Experiment abfragen, die Sachen? Und ist die Deutung ihrer Aussagen die „Erfahrung" von Psychischem? Die Experimentalisten wer-
306 den selbst sagen, das | sei bloße sekundäre Erfahrung; die primäre liege bei den Versuchspersonen selbst und auf seiten der experimentierenden und interpretierenden Psychologen in ihren eigenen, früheren Selbstwahrnehmungen, die aus guten Gründen nicht Selbstbeobachtungen seien, sein dürften. Die Experimentalisten sind nicht wenig stolz darauf, als überlegene Kritiker der Selbstbeobachtung und der – wie sie sagen – ausschließlich auf Selbstbeobachtung beruhenden

Schreibtisch-Psychologie, die experimentelle Methode so ausgebildet zu haben, daß sie direkte Erfahrung nur in Form „zufälliger, nicht erwarteter, nicht absichtlich herbeigeführter Erfahrungen“ benützt[6] und die übel beleumdete Selbstbeobachtung ganz ausschaltet. Liegt darin in einer Richtung, unerachtet starker Übertreibungen, zweifellos Gutes, so ist andererseits ein, wie mir scheinen will, prinzipielles Versehen dieser Psychologie geltend zu machen: daß sie nämlich die im einfühlenden Verständnis fremder Erfahrungen vollzogene ¦ 22
Analyse, und ebenso die Analyse auf Grund der eigenen seinerzeit unbeobachteten Erlebnisse, mit einer Erfahrungsanalyse (wenn auch einer indirekten) der physischen Naturwissenschaft auf gleiche Stufe stellt und auf diese Weise in der Tat glaubt, Erfahrungswissenschaft vom Psychischen in prinzipiell gleichem Sinne zu sein, wie die physische Naturwissenschaft Erfahrungswissenschaft ist vom Physischen. Sie übersieht die spezifische Eigenart gewisser Bewußtseinsanalysen, welche vorangegangen sein müssen, damit aus naiven Erfahrungen (ob sie nun beobachtende oder nicht beobachtende sind, ob sich im Rahmen der aktuellen Bewußtseinsgegenwart abspielend oder in dem der Erinnerung oder Einfühlung) Erfahrungen in einem wissenschaftlichen Sinn werden können.

Versuchen wir uns dies klarzumachen.

Die Psychologen meinen, alle ihre psychologische Erkenntnis der Erfahrung zu verdanken, also jenen naiven Erinnerungen oder Einfühlungen in Erinnerungen, welche vermöge der methodischen Künste des Experiments Grundlagen für Erfahrungsschlüsse werden sollen. Indessen, die Beschreibung der naiven Erfahrungsgegebenheiten und die mit ihr Hand in Hand gehende immanente Analyse und begriffliche Fassung derselben erfolgen mittels eines Fonds von Begriffen, deren wissenschaftlicher Wert für alle weiteren methodischen Schritte entscheidend ist. Sie bleiben, wie einige Besin-

[6] Vgl. dazu Wundts *Logik*, III. Band, 3., umgearbeitete Auflage, [Stuttgart 1908,] S. 164.

nung evident macht, bei der ganzen Natur experimenteller Fragestellung und Methode in dem weiteren Verfahren immerfort unberührt und gehen somit selbst in die Endergebnisse, also auch in die prätendierten wissenschaftlichen Erfahrungsurteile[7] ein. Ihr wissenschaftlicher Wert kann ande-
307 rerseits nicht von Anfang an da sein, er kann auch | nicht aus den noch so gehäuften Erfahrungen der Versuchspersonen und der Versuchsleiter selbst herstammen, er kann durch gar keine Erfahrungsfeststellungen logisch gewonnen sein: Und hier ist die Stelle der phänomenologischen Wesensanalyse, die, wie ungewohnt und unsympathisch es dem naturalistischen Psychologen klingen mag, nichts weniger als empirische Analyse ist und sein kann.

Seit Locke und noch heute wird die aus der Entwicklungsgeschichte des empirischen Bewußtseins hergeholte Über-
23 zeugung (die also ¦ schon Psychologie voraussetzt), daß jede begriffliche Vorstellung aus früheren Erfahrungen „stammt“, verwechselt mit der ganz anderen Überzeugung, daß jeder Begriff den Rechtsgrund seines möglichen Gebrauchs, etwa in beschreibenden Urteilen, der Erfahrung entnehme; und das heißt hier, daß nur im *Hinblick* auf das, was *wirkliche* Wahrnehmungen oder Erinnerungen hergeben, Rechtsgründe gefunden werden können für seine Geltung, für seine Wesenhaftigkeit oder Wesenlosigkeit und in weiterer Folge seine gültige Anwendbarkeit im vorzugebenden Einzelfalle. Beschreibend verwenden wir die Worte Wahrnehmung, Erinnerung, Phantasievorstellung, Aussage usw. Welche Fülle von immanenten Komponenten zeigt solch ein einziges Wort an, Komponenten, die wir dem Beschriebenen es „auffassend“ einlegen, ohne sie in ihm analytisch gefunden zu haben. Genügt es, diese Worte im populären Sinn, in dem vagen, völ-

[7] *Handexemplar Bemerkung am unteren Rand der Seite* Es fehlt eine scharfe Scheidung der Bildung naturalistisch-psychologischer Begriffe und der Bildung immanent psychologischer, die nur eine äußerliche apperzeptive Naturalisierung erhalten haben. Das ist ein wichtiger methodischer Unterschied.

lig chaotischen zu gebrauchen, den sie sich, wir wissen nicht wie, in der „Geschichte“ des Bewußtseins zugeeignet haben? Und würden wir es auch wissen, was sollte diese Geschichte uns nützen, was sollte sie daran ändern, daß die vagen Begriffe eben vag und vermöge dieses ihnen eigenen Charakters offenbar unwissenschaftlich sind. Solange wir keine besseren haben, mögen wir sie gebrauchen, darauf vertrauend, daß für die praktischen Zwecke des Lebens zureichende grobe Unterschiede mit ihnen getroffen seien. Aber hat eine Psychologie Anspruch auf „Exaktheit“, welche die ihre Objekte bestimmenden Begriffe ohne wissenschaftliche Fixierung, ohne methodische Bearbeitung läßt? Natürlich ebensowenig, als es eine Physik hätte, die mit den Alltagsbegriffen von schwer, warm, Masse usw. sich begnügte. Die moderne Psychologie will nicht mehr Wissenschaft von der „Seele“, sondern von den „psychischen Phänomenen“ sein. Will sie das, so muß sie diese Phänomene in begrifflicher Strenge beschreiben und bestimmen können. Sie muß die nötigen strengen Begriffe sich in methodischer Arbeit zugeeignet haben. Wo ist diese methodische Arbeit in der „exakten“ Psychologie vollzogen? Wir suchen danach in der ungeheueren Literatur vergeblich.

Die Frage, wie natürliche, „verworrene“ Erfahrung zu wis-
sen|schaftlicher Erfahrung werden, wie es zur Feststellung 308
objektiv gültiger Erfahrungsurteile kommen kann, ist die methodische Kardinalfrage jeder Erfahrungswissenschaft. Sie braucht nicht *in abstracto* und jedenfalls nicht in philosophischer Reinheit gestellt und beantwortet zu sein: Histo-
risch findet sie ihre Antwort durch die Tat, ¦ nämlich so, daß 24
geniale Bahnbrecher der Erfahrungswissenschaft *in concreto* und intuitiv den Sinn der notwendigen Erfahrungsmethode erfassen und durch ihre reine Befolgung in einer zugänglichen Erfahrungssphäre ein Stück objektiv gültiger Erfahrungsbestimmung zu Werke und so die Wissenschaft zum Anfang bringen. Die Motive zu ihrem Vorgehen danken sie keiner Offenbarung, sondern der Vertiefung in den Sinn der Erfahrungen selbst bzw. in den Sinn des in ihnen gegebenen „Seins“. Denn obschon „gegeben“, ist es in der „vagen“ Erfah-

rung nur „verworren“ gegeben, daher die sich aufnötigende Frage, wie es nun wirklich sei, wie es objektiv gültig zu bestimmen sei; wie, d.h. durch welche besseren und wie zu bessernden „Erfahrungen“ – durch welche Methode. Für die Erkenntnis der äußeren Natur wurde der entscheidende Schritt von naiver Erfahrung zu wissenschaftlicher, von vagen Alltagsbegriffen zu wissenschaftlichen Begriffen in voller Klarheit bekanntlich erst durch Galilei vollzogen. Hinsichtlich der Erkenntnis des Psychischen, der Sphäre des Bewußtseins, haben wir zwar die „experimentell-exakte“ Psychologie, die sich für das vollberechtigte Gegenstück der exakten Naturwissenschaft hält – und doch, sowenig sie sich dessen bewußt ist, sie steht der Hauptsache nach vor der Galileischen Epoche.

Daß sie sich dessen nicht bewußt ist, mag allerdings verwunderlich sein. Wir begreifen es, daß der naiven Naturkunde vor der Wissenschaft an der natürlichen Erfahrung nichts fehlte, nämlich nichts, was nicht im Zusammenhang der natürlichen Erfahrung selbst, mittelst der natürlich-naiven Erfahrungsbegriffe herausgestellt werden konnte. Sie ahnte in ihrer Naivität nicht, daß Dinge eine „Natur“ haben und daß diese durch gewisse exakte Begriffe in erfahrungslogischem Vorgehen bestimmt werden kann. Die Psychologie aber mit ihren Instituten und Präzisionsapparaten, mit ihren scharfsinnig erdachten Methoden fühlt sich mit Recht über die Stufe der naiven Erfahrungsseelenkunde älterer Zeiten erhaben. Zudem, an sorgfältigen, immer wieder erneuten Reflexionen über die Methode hat sie es nicht fehlen lassen. Wie konnte ihr das prinzipiell Allerwesentlichste entgehen? Wie konnte es ihr entgehen, daß sie ihren rein psychologischen Begriffen, deren sie nun einmal nicht entraten kann, notwendig
309 einen Inhalt gibt, der nicht einfach dem in | der Erfahrung[8] wirk ¦ lich Gegebenen entnommen, sondern auf dasselbe angewendet ist? Daß sie unvermeidlich, sowie sie dem Sinn des Psychischen nähertritt, Analysen dieser Begriffsinhalte

[8] *Handexemplar Randbemerkung* transzendente Erfahrung

vollzieht und entsprechende phänomenologische Zusammenhänge als gültig anerkennt, die sie auf Erfahrung anwendet, die aber der Erfahrung gegenüber *a priori* sind? Wie konnte es ihr entgehen, daß Voraussetzungen der experimentellen Methode, wofern sie wirklich psychologische Erkenntnis leisten will, nicht durch sie selbst begründet werden können und daß ihr Verfahren sich kardinal von dem der Physik unterscheidet, sofern diese eben prinzipiell das Phänomenale ausschaltet, um die in ihm sich darstellende Natur zu suchen; während die Psychologie doch Wissenschaft von den Phänomenen selbst sein wollte?[9]

Nun, all das konnte und mußte ihr entgehen bei ihrer naturalistischen Einstellung sowie bei ihrem Eifer, den Naturwissenschaften nachzustreben und im experimentellen Verfahren die Hauptsache zu sehen. In ihren mühseligen, oft sehr scharfsinnigen Erwägungen über die Möglichkeiten psychophysischen Experiments, im Entwerfen experimenteller Versuchsanordnungen, im Konstruieren feinster Apparate, in ihrem Aufspüren möglicher Fehlerquellen usw. hat sie doch wohl versäumt, der Frage tiefer nachzugehen, wie, durch welche Methode diejenigen Begriffe, die in die psychologischen Urteile wesentlich eingehen, von dem Stande der Verworrenheit zu dem der Klarheit und objektiven Gültigkeit gebracht werden können. Sie hat es versäumt zu erwägen, inwiefern das Psychische anstatt Darstellung einer Natur zu sein, vielmehr ein ihm eigenes und vor aller Psychophysik streng und in voller Adäquation zu erforschendes „Wesen“ habe. Sie hat nicht erwogen, was im „Sinn“[10] psychologischer Erfahrung liege und welche „Forderungen“ das Sein im Sinne des Psychischen von sich aus an die Methode stelle.

*

[9] *Handexemplar Randbemerkung* nicht korrekt
und nicht von etwas, das sich in Phänomenen darstellt *Einfügung nach* wollte

[10] *Handexemplar Randbemerkung* nicht ganz korrekt

Was die empirische Psychologie schon seit ihren Anfängen im 18. Jahrhundert beständig verwirrt, ist also das Trugbild einer naturwissenschaftlichen Methode nach dem Vorbild
26 der physikalisch-chemi¦schen Methode. Man ist sicher in der Überzeugung, daß, in prinzipieller Allgemeinheit betrachtet, die Methode aller Erfahrungswissenschaften ein und dieselbe sei, in der Psychologie also dieselbe wie in der Wissenschaft von der physischen Natur. Hat die Metaphysik solange an der falschen Imitation bald der geometrischen, bald der physikalischen Methode gekrankt, so wiederholt sich hier derselbe Vorgang in der Psychologie. Es ist nicht ohne Bedeutung, daß die Väter der experimentell-exakten Psychologie Physiologen und Physiker waren. Die wahre Methode folgt
310 der Natur der zu erforschenden Sachen, | nicht aber unseren Vorurteilen und Vorbildern. Die Naturwissenschaft arbeitet aus der vagen Subjektivität der Dinge in naiv-sinnlicher Erscheinung die objektiven Dinge mit den exakten objektiven Eigenschaften heraus. So muß, sagt man sich, die Psychologie das Psychologisch-Vage der naiven Auffassung zu objektiv gültiger Bestimmung bringen, und das leistet die objektive Methode, welche selbstverständlich dieselbe ist wie die in der Naturwissenschaft durch unzählige Erfolge glänzend bewährte experimentelle Methode.

Indessen, wie Gegebenheiten der Erfahrung zu objektiver Bestimmung kommen und welchen Sinn „Objektivität" und „Bestimmung der Objektivität" jeweils haben, welche Funktion jeweils experimentelle Methode übernehmen kann, das hängt von dem eigenen Sinn der Gegebenheiten ab bzw. von demjenigen Sinn, den ihnen das betreffende Erfahrungsbewußtsein (als ein Vermeinen gerade von dem und keinem anderen Seienden) seinem Wesen nach beilegt. Dem naturwissenschaftlichen Vorbild[11] folgen, das besagt fast unvermeidlich: das Bewußtsein verdinglichen, und das verflicht uns von Anfang in Widersinn, woraus immer aufs neue die Neigung zu widersinnigen Problemstellungen, zu

[11] *Handexemplar Randbemerkung* Prinzip der Methode

falschen Forschungsrichtungen entquillt. Überlegen wir uns das näher.

Die räumliche, zeitliche Körperwelt ist einzig und allein
Natur im prägnanten Sinne. Alles andere individuelle Da-
sein, das Psychische, ist Natur in einem zweiten Sinn, und
das bestimmt grundwesentliche Unterschiede naturwissen-
schaftlicher und psychologischer Methode. Prinzipiell ist kör-
perliches Dasein allein in einer Vielheit direkter Erfahrungen,
also Wahrnehmungen, als individuell Identisches erfahrbar.
Es allein kann darum, wenn die Wahrnehmungen ¦ auf ver- 27
schiedene[12] „Subjekte" verteilt gedacht sind, von vielen Sub-
jekten als individuell Identisches erfahren und als intersub-
jektiv Selbiges beschrieben werden. Dieselben Dinglichkeiten
(Dinge, Vorgänge usw.) stehen uns allen vor Augen und kön-
nen von uns allen nach ihrer „Natur" bestimmt werden. Ihre
„Natur" aber besagt: In der Erfahrung in mannigfach wech-
selnden „subjektiven Erscheinungen"[13] sich darstellend, ste-
hen sie doch als zeitliche Einheiten bleibender oder wechseln-
der Eigenschaften da, und stehen sie als eingeknüpft da in
den sie alle verknüpfenden Zusammenhang der einen Kör-
perwelt mit dem einen Raum, der einen Zeit. Sie sind, was sie
sind, nur in dieser Einheit, nur in der kausalen Beziehung
zu- oder Verknüpfung miteinander erhalten sie ihre individu-
elle Identität (Substanz) und erhalten dieselbe als Trägerin
von „realen Eigenschaften". Alle dinglich-realen Eigenschaf-
ten sind kausale. Jedes körperlich Daseiende steht unter Ge-
setzen möglicher Veränderungen, und diese Gesetze betreffen
| das Identische, das Ding, nicht für sich, sondern das Ding 311
im einheitlichen, wirklichen und möglichen Zusammenhang
der einen Natur. Jedes Ding hat seine Natur (als Inbegriff
dessen, was es ist, es: das Identische) dadurch, daß es Ein-
heitspunkt von Kausalitäten innerhalb der einen Allnatur ist.
Reale Eigenschaften (dinglich-reale, körperliche) sind ein

12 *Handexemplar* in Einfühlungszusammenhang stehende *Einfügung nach* verschiedene

13 *Handexemplar* in Aspekten *Einfügung vor* sich

Titel für kausalgesetzlich vorgezeichnete Möglichkeiten der Veränderung eines Identischen, das also, hinsichtlich dessen, was es ist, nur durch Rekurs auf diese Gesetze bestimmbar ist. Dinglichkeiten sind aber gegeben[14] als Einheiten der unmittelbaren Erfahrung, als Einheiten mannigfaltiger sinnlicher Erscheinungen. Die sinnlich faßbaren Unveränderungen, Veränderungen und Änderungsabhängigkeiten geben überall der Erkenntnis die Leitung und fungieren für sie gleichsam als „vages" Medium, in dem sich die wahre, objektive, physikalisch-exakte Natur darstellt und durch das hindurch das Denken (als wissenschaftliches Erfahrungsdenken)
28 das Wahre herausbestimmt, herauskonstruiert.[15] ¦

All das ist nicht etwas den Dingen der Erfahrung und der Erfahrung der Dinge Angedichtetes, sondern zu ihrem Wesen[16] unaufhebbar Gehöriges, derart, daß jede intuitive und konsequente Forschung nach dem, was das Ding in Wahrheit ist – das Ding, das als Erfahrenes immerfort als Etwas, Seiendes, Bestimmtes und zugleich Bestimmbares erscheint, aber im Wechsel seiner Erscheinungen und der erscheinenden Umstände immer wieder als anders Seiendes erscheint –, notwendig in kausale Zusammenhänge überleitet und in der Bestimmung entsprechender objektiver Eigenschaften als gesetzmäßiger terminiert. Die Naturwissenschaft geht also dem Sinn dessen nur konsequent nach, was das Ding selbst als erfahrenes zu sein sozusagen prätendiert, und sie nennt das, undeutlich genug: „Ausschaltung der sekundären Qualitäten", „Ausschaltung des bloß Subjektiven an der Erscheinung" unter „Festhaltung der übrigbleibenden, der primären

[14] *Handexemplar Randbemerkung* gegeben = originär gegeben

[15] Es ist dabei zu beachten, daß dieses Medium der Phänomenalität, in dem sich naturwissenschaftliches Anschauen und Denken beständig bewegt, von dem letzteren selbst nicht zum wissenschaftlichen Thema gemacht wird. Seiner bemächtigen sich neue Wissenschaften, die Psychologie (zu der ein gut Teil Physiologie gehört) und die Phänomenologie.

[16] *Handexemplar* als dem wesenhaften Sinn der Dingwahrnehmung *Einfügung nach* Wesen

Qualitäten". Doch ist das mehr als ein undeutlicher Ausdruck, es ist eine schlechte Theorie für ihr gutes Verfahren.

Wenden wir uns nun der „Welt" des „Psychischen" zu, und beschränken wir uns auf die „psychischen Phänomene", die die neue Psychologie als ihr Objektgebiet ansieht – d. h., wir lassen die auf Seele und Ich bezüglichen Probleme zunächst aus dem Spiel. Liegt, fragen wir also, wie im Sinne jeder phy-
sischen Erfahrung und jeder Wahrnehmung[17] von | Ding- 312
lichem, so auch in jeder Wahrnehmung von Psychischem „Natur"objektivität beschlossen? Wir sehen bald, daß die Verhältnisse in der Sphäre des Psychischen total andere sind als in der physischen Sphäre. Das Psychische[18] verteilt sich (im Gleichnis und nicht metaphysisch gesprochen) auf Monaden, die keine Fenster haben und nur durch Einfühlung im *commercium* stehen. Das psychische Sein, das Sein als „Phänomen", ist prinzipiell nicht eine Einheit, die in mehreren gesonderten Wahrnehmungen als individuell identische er-
fahrbar wäre, nicht einmal ¦ in Wahrnehmungen desselben[19] 29
Subjekts. In der psychischen Sphäre gibt es m. a. W. keinen Unterschied zwischen Erscheinung und Sein, und wenn die Natur ein Dasein ist, das in Erscheinungen erscheint, so sind die Erscheinungen selbst (die ja der Psychologe zum Psychischen rechnet) nicht selbst wieder ein Sein, das durch dahinterliegende Erscheinungen erscheint – wie jede Reflexion auf die Wahrnehmung irgendeiner Erscheinung evident macht. So wird es schon klar: Es gibt, eigentlich gesprochen, nur e i n e Natur, die in den Dingerscheinungen erscheinende. Alles, was wir im weitesten Sinne der Psychologie ein psychi-

17 *Handexemplar Bemerkung am unteren Rand der Seite* Die Gedankenführung ist trotz mancher Mängel zu beachten. Das immanent Psychische wird zwar psychologisch-natural apperzipiert, aber es erhält dadurch keine Änderung seines Wesens, sondern nur Zuordnung und Einordnung bezüglich der Natur.

18 *Handexemplar Randbemerkung* Das Psychische (Phänomenale) als solches erscheint nicht.

19 *Handexemplar Ergänzung am Rand* nicht desselben, also auch nicht verschiedener Subjekte

sches Phänomen nennen, ist, an und für sich betrachtet, eben Phänomen und nicht Natur.

Ein Phänomen ist also keine „substanzielle" Einheit, es hat keine „realen Eigenschaften", es kennt keine realen Teile, keine realen Veränderungen und keine Kausalität: all diese Worte im naturwissenschaftlichen Sinne verstanden. Phänomenen eine Natur beimessen, nach ihren realen Bestimmungsstükken, nach ihren kausalen Zusammenhängen forschen – das ist ein reiner Widersinn, nicht besser, als wenn man nach kausalen Eigenschaften, Zusammenhängen etc. der Zahlen fragen wollte. Es ist der Widersinn der Naturalisierung von etwas, dessen Wesen das Sein als Natur ausschließt. Ein Ding ist, was es ist, und bleibt in seiner Identität für immer: Natur ist ewig. Was einem Ding – dem Naturding, nicht dem sinnlichen Ding des praktischen Lebens, dem Ding, „so wie es sinnlich erscheint" – in Wahrheit zukommt an realen Eigenschaften oder Eigenschaftsmodifikationen, das kann objektiv gültig bestimmt und in immer neuen Erfahrungen bestätigt oder berichtigt werden. Andererseits, ein Psychisches, ein „Phänomen" kommt und geht, es bewahrt kein bleibendes, identisches Sein, das als solches im naturwissenschaftlichen Sinn objektiv bestimmbar wäre, z. B. als objektiv teilbar in Komponenten, im eigentlichen Sinne „analysierbar".

Was psychisches Sein „ist"[20], kann uns nicht Erfahrung in demselben Sinne sagen, der von dem Physischen gilt. Das Psychische ist ja nicht erfahren als Erscheinendes; es ist „Erlebnis" und in der Reflexion erschautes Erlebnis, erscheint als
313 selbst durch sich selbst, in | einem absoluten Fluß, als Jetzt
30 und schon „abklingend", in schau ¦ barer Weise stetig zurücksinkend in eine Gewesenheit. Psychisches kann auch Wiedererinnertes und so in gewisser modifizierter Weise Erfahrenes sein, und im „Wiedererinnerten" liegt „Wahrgenommen-Gewesenes"; und es kann „wiederholt" Wiedererinnertes sein, in Wiedererinnerungen, die einig sind in einem Bewußtsein, das die Wiedererinnerungen selbst wieder als Wiedererinner-

[20] *Handexemplar Ergänzung am Rand* in sich selbst ist

tes[21] oder als noch Festgehaltenes bewußt hat. In diesem Zusammenhang, in diesem einzigen, als Identisches solcher „Wiederholungen“, kann *a priori* Psychisches als seiend „erfahren“ und identifiziert sein. Alles Psychische, das so Erfahrenes ist, hat dann, wie wir ebenso mit Evidenz sagen können, Einordnung in einen umfassenden Zusammenhang, in eine „monadische“ Einheit des Bewußtseins, eine Einheit, die in sich gar nichts mit Natur, mit Raum und Zeit, Substanzialität und Kausalität zu tun, sondern ihre ganz einzigen „Formen“ hat. Es ist ein zweiseitig unbegrenzter Fluß von Phänomenen, mit einer durchgehenden intentionalen Linie, die gleichsam der Index der alldurchdringenden Einheit ist, nämlich der Linie der anfangs- und endlosen immanenten „Zeit“, einer Zeit, die keine Chronometer messen.

Im immanenten Schauen dem Fluß der Phänomene nachschauend, kommen wir von Phänomen zu Phänomen (jedes eine Einheit im Fluß und selbst im Fließen begriffen) und nie zu anderem als Phänomenen. Erst wenn immanente Schauung und dingliche Erfahrung zur Synthese kommen, tritt geschautes Phänomen und erfahrenes Ding in eine Beziehung.[22] Durch das Medium der Dingerfahrung und solcher Beziehungserfahrung tritt zugleich Einfühlung als eine Art mittelbaren Schauens von Psychischem auf, als Hineinschauen in einen zweiten monadischen Zusammenhang in sich charakterisiert.

Wiefern ist nun in dieser Sphäre so etwas wie vernünftige Forschung, wie gültige Aussage möglich? Wiefern sind auch nur solche Aussagen möglich, wie wir sie soeben als roheste (ganze Dimensionen verschweigende) Beschreibungen gegeben haben? Nun, selbstverständlich wird Forschung hier sinnvoll sein, wenn sie sich eben rein dem Sinne der „Erfahrungen“ hingibt, die sich als Erfahrungen von „Psychischem“ geben, und wenn sie das „Psychische“ dabei ¦ genau als das 31
nimmt und zu bestimmen sucht, als was es, dieses so Ge-

21 *Handexemplar Randbemerkung* Zeitkonstitution

22 *Handexemplar Randbemerkung* psychologische Apperzeption

schaute, genommen und bestimmt zu sein gleichsam fordert. Also wenn man vor allem nicht widersinnige Naturalisierungen zuläßt. Man muß, hieß es, die Phänomene so nehmen, wie sie sich geben, d. i. als dieses fließende Bewußthaben, Meinen, Erscheinen, das sie sind, als dieses Vordergrundbewußthaben und Hintergrundbewußthaben, als dieses Bewußthaben als Gegenwärtiges oder als Vorgegenwärtiges[*], als Phantasier-
314 tes | oder Signitives oder Abgebildetes, als Anschauliches oder Leervorstelliges usw. Dabei auch als im Wechsel der oder jener Einstellungen, der oder jener attentionalen Modi sich so oder so wendend und umgestaltend. All das führt den Titel „Bewußtsein von" und „hat" eine „Bedeutung" und „meint" ein „Gegenständliches", welch letzteres sich – heiße es nun von irgendwelchem Standpunkt aus „Fiktion" oder „Wirklichkeit" – beschreiben läßt als „immanent Gegenständliches", „Vermeintes als solches", und vermeint in dem oder jenem Modus des Vermeinens.

Daß man hier forschen, aussagen, in Evidenz aussagen kann, sich dem Sinne dieser „Erfahrungs"sphäre fügend, ist absolut evident. Eben die Innehaltung der bezeichneten Forderung ist freilich die Schwierigkeit. Von der Konsequenz und Reinheit der „phänomenologischen" Einstellung hängt Einstimmigkeit oder Widersinnigkeit der hier zu führenden Untersuchungen durchaus ab. Nicht leicht überwinden wir die urwüchsige Gewohnheit, in naturalistischer Einstellung zu leben und zu denken und so das Psychische naturalistisch zu verfälschen. Es hängt ferner sehr viel an der Einsicht, daß in der Tat eine „rein immanente" Erforschung von Psychischem (in dem hier benützten weitesten Wortsinn des Phänomenalen als solchen) möglich ist, eine Forschung der Art, die soeben allgemein charakterisiert worden ist und die im Gegensatz steht zur psychophysischen Erforschung desselben, die wir noch nicht in Erwägung gezogen haben und die natürlich auch ihr Recht hat.

*

[*] *Im Erstdruck wohl irrtümlich anstatt* Vergegenwärtigtes; *vgl. auch o. S. 18 [Anm. des Hg.]*

Ist nun das immanent Psychische in sich selbst nicht Natur, sondern der Gegenwurf von Natur, was erforschen wir an ihm als sein „Sein“? Ist es nicht in „objektiver“ Identität bestimmbar als substanziale Einheit immer wieder zu erfas-
sender, erfahrungswissen¦schaftlich zu bestimmender und 32
zu bestätigender realer Eigenschaften; ist es nicht aus dem ewigen Fluß herauszuheben; und ist es unfähig, zum Objekt einer intersubjektiven Geltung zu werden –was können wir an ihm fassen, bestimmen, als objektive Einheit fixieren? Dies aber so verstanden, daß wir in der reinen phänomenologischen Sphäre verbleiben und die Beziehungen zum dinglich erfahrenen Leibe und zur Natur außer Rechnung lassen. Die Antwort lautet dann: Sind die Phänomene als solche keine Natur, so haben sie ein in unmittelbarem Schauen faßbares und adäquat faßbares Wesen. Alle Aussagen, die Phänomene durch direkte Begriffe beschreiben, tun es, soweit sie gültig sind, durch Wesensbegriffe, also durch begriffliche Wortbedeutungen, die sich in Wesensschauung einlösen lassen
müssen. | 315

Es gilt, dies letzte Fundament aller psychologischen Methoden richtig zu erfassen. Der Bann der naturalistischen Einstellung, in dem wir alle zunächst stehen, der uns unfähig macht, von der Natur abzusehen und somit auch das Psychische in der reinen statt in der psychophysischen Einstellung zum Gegenstande der schauenden Forschung zu machen, hat hier den Weg in eine große, beispiellos folgenreiche Wissenschaft versperrt, die einerseits die Grundbedingung für eine *vollwissenschaftliche Psychologie* und andererseits das Feld der echten *Vernunftkritik* ist. Der Bann des urwüchsigen Naturalismus besteht auch darin, daß er es uns allen so schwer macht, „Wesen“, „Ideen“ zu sehen oder vielmehr, da wir sie ja doch sozusagen beständig sehen, sie in ihrer Eigenart gelten zu lassen, statt sie widersinnig zu naturalisieren. Wesensschauung birgt nicht mehr Schwierigkeiten oder „mystische“ Geheimnisse als Wahrnehmung. Wenn wir uns intuitiv zu voller Klarheit, zu voller Gegebenheit bringen „Farbe“, so ist das Gegebene ein „Wesen“, und wenn wir uns ebenso in

reiner Schauung, etwa von Wahrnehmung zu Wahrnehmung[23] blickend, zur Gegebenheit bringen, was „Wahrnehmung“, Wahrnehmung an sich selbst – dieses Identische beliebiger fließender Wahrnehmungssingularitäten – ist, so haben wir das Wesen Wahrnehmung schauend gefaßt. Soweit Intuition, anschauliches Bewußthaben reicht, in den *Logischen Untersuchungen* zu sagen pflegte) oder der „Wesens-
33 schauung“. Soweit die Intui¦tion eine reine ist, die keine transienten Mitmeinungen befaßt, soweit ist das erschaute Wesen ein adäquat Erschautes, ein absolut Gegebenes. Also umspannt der Herrschaftsbereich der reinen Intuition auch die gesamte Sphäre, die sich der Psychologe als die der „psychischen Phänomene“ zueignet, wofern er sie nur rein für sich, in reiner Immanenz nimmt. Daß die im Wesensschauen gefaßten „Wesen“ sich in festen Begriffen, in sehr weitem Umfange mindestens, fixieren lassen und damit Möglichkeiten für feste und in ihrer Art objektiv und absolut gültige Aussagen abgeben, ist für jeden Vorurteilslosen selbstverständlich. Die niedersten Farbendifferenzen, die letzten Nuancen mögen der Fixierung spotten, aber „Farbe“ im Unterschied von „Ton“ ist ein so sicherer Unterschied, wie es in aller Welt nichts noch Sichereres gibt. Und solche absolut unterscheidbare bzw. fixierbare Wesen sind nicht nur die der sinnlichen „Inhalte“ und Erscheinungen („Sehdinge“, Phantome u. dgl.), sondern nicht minder die von allem Psychischen im prägnanten Sinne, von allen Ich-„Akten“ und Ich-Zuständen, die bekannten Titeln entsprechen wie z. B. Wahrnehmung, Phantasie, Erinnerung, Urteil, Gefühl, Wille mit all ihren unzäh-
316 ligen Sondergestaltungen. Ausgeschlossen blei | ben dabei die letzten „Nuancen“, die dem Unbestimmbaren des „Flusses“ angehören, während zugleich wieder die beschreibbare Typik des Fließens ihre „Ideen“ hat, die, schauend gefaßt und fixiert, absolute Erkenntnis ermöglichen. Jeder psychologische Titel, wie Wahrnehmung oder Wille, ist Titel für eine höchstumfassende Domäne von „Bewußtseinsanalysen“, d. i. von Wesens-

[23] *Handexemplar Randbemerkung* Wahr[nehmung] = Wahrnehmen

forschungen. Es handelt sich hier um ein Gebiet von einer Weite, das in dieser Hinsicht nur mit der Naturwissenschaft verglichen werden kann – so sonderbar dies klingen mag.

Es ist nun aber die Erkenntnis von entscheidender Bedeutung, daß Wesensschauung nichts weniger als „Erfahrung" im Sinne von Wahrnehmung, Erinnerung oder gleichstehenden Akten ist und ferner nichts weniger als eine empirische Verallgemeinerung, die in ihrem Sinn individuelles Dasein von Erfahrungseinzelheiten existenzial mitsetzt. Die Schauung erfaßt das Wesen als Wesenssein und setzt in keiner Weise Dasein. Demgemäß ist Wesenserkenntnis keine *matter-of-fact*-Erkenntnis, nicht den leisesten Behauptungsgehalt in betreff eines individuellen (etwa natürlichen) Daseins befassend. Die Unterlage oder besser der Ausgangsakt einer Wesensschauung, z. B. des Wesens von Wahrnehmung, von Erinnerung, von Urteil ¦ etc., kann eine Wahrnehmung von 34
einer Wahrnehmung, von einer Erinnerung, von einem Urteil etc. sein, es kann aber auch eine bloße, nur „klare" Phantasie sein, die ja als solche keine Erfahrung ist, kein Dasein erfaßt. Die Wesenserfassung ist dadurch gar nicht berührt, sie ist schauende als Wesensfassung, und das ist eben ein andersartiges Schauen als das Erfahren. Natürlich können Wesen auch vage vorgestellt, etwa signifitiv vorgestellt, und fälschlich gesetzt werden – es sind dann bloß vermeinte Wesen, mit Widerstreit behaftet, wie der Übergang zur Erschauung ihrer Unvereinbarkeit lehrt; die vage Setzung kann aber auch als gültig bestätigt werden durch Rückgang zur Intuition der Wesensgegebenheit.

Jedes Urteil, das zu adäquatem Ausdruck bringt, in festen adäquat gebildeten Begriffen, was in Wesen liegt, wie Wesen gewisser Gattung oder Besonderung mit gewissen anderen zusammenhängen, wie z. B. „Anschauung" und „leere Meinung", wie „Phantasie" und „Wahrnehmung", wie „Begriff" und „Anschauung" usw. sich miteinander vereinen, auf Grund der und der Wesenskomponenten notwendig „vereinbar" sind, etwa zueinander als „Intention" und „Erfüllung" passen, oder umgekehrt unvereinbar sind, ein „Bewußtsein

der Enttäuschung“ fundieren usw.: Jedes solche Urteil ist eine absolute, generell gültige Erkenntnis und als Wesensurteil von einer Art, die durch Erfahrung begründen, bestätigen oder widerlegen zu wollen ein Widersinn wäre. Es fixiert eine
317 *„relation of ideas“*, ein Apriori in dem | echten Sinne, den Hume zwar vorschweben hatte, aber durch seine positivistische Vermengung von Wesen und *„idea“* – als Gegensatz zu *„impression“* – verfehlen mußte. Gleichwohl wagt selbst sein Skeptizismus nicht, hier konsequent zu sein und an solcher Erkenntnis – soweit er sie sieht – zu rütteln. Hätte ihn sein Sensualismus nicht für die ganze Sphäre der Intentionalität des „Bewußtseins von“ blind gemacht, hätte er sie in Wesensforschung genommen, dann wäre er nicht der große Skeptiker, sondern der Begründer einer wahrhaft „positiven“ Theorie der Vernunft geworden. All die Probleme, die ihn im *Treatise* so leidenschaftlich bewegen und von Verwirrung zu Verwirrung treiben, Probleme, die er in seiner Einstellung gar nicht angemessen und reinlich formulieren kann[24], liegen durchaus in dem Herrschaftsbereich der Phänomenologie. Sie sind durch Verfolgung der Wesenszusammen¦hänge der Bewußtseinsgestaltungen sowie der ihnen korrelativ und wesentlich zugehörigen Gemeintheiten[25] restlos zu lösen, in einem generell schauenden Verständnis, das keine sinnvolle Frage mehr offenläßt. So die gewaltigen Probleme der Identität des Gegenstandes gegenüber der Mannigfaltigkeit der Impressionen bzw. Perzeptionen von ihm. In der Tat: Wie mannigfaltige Wahrnehmungen bzw. Erscheinungen dazu kommen, einen und denselben Gegenstand „zur Erscheinung zu bringen“, so daß er für sie selbst und für das sie verbindende Einheits- oder Identitätsbewußtsein „derselbe“ sein kann, das ist eine Frage, die nur durch phänomenologische Wesensforschung klargestellt und beantwortet werden kann (auf die unsere Weise der Formulierung freilich schon vor-

24 *Handexemplar Randbemerkung* also auch die Probleme der Genesis

25 *Handexemplar Ergänzung am Rand* Noemata

deutet). Diese Frage empirisch naturwissenschaftlich beant-
worten zu wollen heißt, sie nicht verstehen und in eine wider-
sinnige mißdeuten. Daß eine Wahrnehmung, wie überhaupt
eine Erfahrung, Wahrnehmung gerade von diesem, gerade so
orientierten, gerade so gefärbten, geformten etc. Gegenstand
ist, das ist eine Sache ihres Wesens, mag es mit der „Existenz"
des Gegenstandes stehen wie immer. Daß diese Wahrneh-
mung sich in eine Wahrnehmungskontinuität, aber nicht in
eine beliebige schickt, in der stetig „derselbe Gegenstand sich
in stetig anderer Orientierung usw. darstellt", das ist wieder
rein Sache der Wesen. Kurz, hier liegen die großen, literarisch
noch ganz unbebauten Felder der „Bewußtseinsanalyse", wo-
bei der Titel Bewußtsein, so wie oben der Titel Psychisches,
mag er ernstlich passen oder nicht, so weit gespannt werden
müßte, daß er alles Immanente, also auch alles Bewußtseins-
Gemeinte als solches und in jedem Sinne, zu bezeichnen
hätte. Die in Jahrhunderten so viel beredeten Ursprungspro-
bleme sind, von ihrem falschen, sie widersinnig verkehren-
den Na | turalismus befreit, phänomenologische Probleme. So 318
die Probleme vom Ursprung der „Raumvorstellung«[26], der
Zeit-, Ding-, Zahlvorstellung, der „Vorstellungen" von Ur-
sache und Wirkung usw. Erst wenn diese reinen Probleme
sinnvoll bestimmt, formuliert und gelöst sind, erhalten die
empirischen Probleme der Entstehung solcher Vorstellungen
als Vorkommnisse menschlichen Bewußtseins einen wissen-
schaftlich faßbaren und für die Lösung anfaßbaren Sinn. ¦ 36

Aber alles kommt darauf an, daß man sieht und es sich ganz zu eigen macht, daß man genau so unmittelbar[27] wie einen Ton hören, so ein „Wesen", das Wesen „Ton", das Wesen „Dingerscheinung", das Wesen „Sehding", das Wesen „Bildvorstellung", das Wesen „Urteil" oder „Wille" usw., schauen und im Schauen Wesensurteile fällen kann. Andererseits aber, daß man sich hütet vor der Humeschen Vermengung

[26] *Handexemplar Ergänzung am Rand* also Genesis

[27] *Handexemplar Randbemerkung* Das „unmittelbar" bedarf einer Interpretation.

und demgemäß nicht phänomenologische Schauung mit „Selbstbeobachtung", mit innerer Erfahrung, kurzum mit Akten verwechselt, die statt Wesen vielmehr diesen entsprechende individuelle Einzelheiten setzen.[28]

Reine Phänomenologie als Wissenschaft kann, solange sie rein ist und[29] von der existenzialen Setzung der Natur keinen Gebrauch macht, nur Wesensforschung und gar nicht Daseinsforschung sein, jede „Selbstbeobachtung" und jedes Urteil auf Grund solcher „Erfahrung" fällt außerhalb ihres Rahmens.[30] Das einzelne in seiner Immanenz kann nur als „dies da!" – diese dahinfließende Wahrnehmung, Erinnerung u. dgl. – gesetzt und allenfalls unter die der Wesensanalyse verdankten strengen Wesensbegriffe gebracht werden. Denn das Individuum ist zwar nicht Wesen, aber es „hat" ein Wesen, das von ihm evidentgültig aussagbar ist. Es aber als Individuum[31] fixieren, ihm Stellung in einer „Welt" individuellen Daseins geben, das kann solche bloße Subsumption offenbar nicht leisten. Für sie ist das Singuläre ewig das *ἄπειρον*. Objektiv gültig kann sie nur Wesen und Wesensbeziehungen erkennen und damit alles leisten und endgültig leisten, was

[28] Immer wieder sind die *Logischen Untersuchungen*, die in ihren Bruchstücken einer systematischen Phänomenologie zum ersten Male Wesensanalyse in dem hier charakterisierten Sinne üben, als Versuche einer Rehabilitation der Methode der Selbstbeobachtung mißverstanden worden. Freilich ist daran die mangelhafte Kennzeichnung der Methode in der „Einleitung" zur 1. Untersuchung des II. Bandes, die Bezeichnung der Phänomenologie als deskriptive Psychologie mit schuld. Die nötigen Klarstellungen bringt schon mein dritter „Bericht über deutsche Schriften zur Logik in den Jahren 1895–99" im IX. Bande des *Archivs für systematische Philosophie*, 1903, S. 397–400 ⟨= *Husserliana*, Bd. XXII, S. 201 ff.⟩.

[29] *Handexemplar* zumal *Einfügung nach* und *Randbemerkung* undeutlich

[30] *Randbemerkung* Gegensatz von phänomenologisch rein – Gegensatz von Wesen

[31] *Handexemplar* objektiv = intersubjektiv *Einfügung nach* Individuum

zum aufklärenden Verständnis aller empirischen Erkenntnis
und aller Erkenntnis überhaupt nötig ist: ¦ die Aufklärung 37
des „Ursprunges“ aller formal-logisch und naturlogisch und
sonst irgend leitenden „Prinzipien“ und aller damit innig zu-
sammenhängen | den Probleme der Korrelation von „Sein“ 319
(Natursein, Wertsein etc.) und „Bewußtsein“.[32]

*

Gehen wir nun zur psychophysischen Einstellung über. In ihr erhält das „Psychische“ mit dem gesamten ihm eigenen Wesen Zuordnung zu einem Leibe und zur Einheit der physischen Natur: Das in immanenter Wahrnehmung Gefaßte und als wesensmäßig so geartet Aufgefaßte tritt in Beziehung zu dem sinnlich Wahrgenommenen und damit zur Natur. Erst durch diese Zuordnung gewinnt es eine indirekte naturhafte Objektivität, mittelbar eine Stellung im Raume und in der Zeit der Natur, in derjenigen, die wir durch Uhren messen. In einigem nicht näher bestimmten Umfang gibt die erfah-

[32] Die Bestimmtheit, mit der ich mich in einer Zeitumgebung ausdrücke, für welche die Phänomenologie allenfalls ein Titel für Spezialitäten ist, für ganz nützliche Kleinarbeit in der Sphäre der Selbstbeobachtung, anstatt der systematischen Fundamentalwissenschaft der Philosophie, der Eingangspforte in die echte Metaphysik der Natur, des Geistes, der Ideen, hat hier überall ihren Hintergrund in vieljährigen und unablässigen Untersuchungen, auf deren fortschreitenden Ergebnissen meine Göttinger philosophischen Vorlesungen seit dem Jahre 1901 aufgebaut sind. Bei der innigen funktionellen Verflochtenheit aller phänomenologischen Schichten, und somit auch der auf sie bezogenen Forschungen, und bei der außerordentlichen Schwierigkeit, die die Ausbildung der reinen Methodik selbst mit sich führte, habe ich es nicht für ersprießlich gehalten, vereinzelte und noch mit Fraglichkeiten behaftete Ergebnisse zu veröffentlichen. Ich hoffe die inzwischen allseitig gefestigten und zu umfassenden systematischen Einheiten gediehenen Forschungen zur Phänomenologie und phänomenologischen Kritik der Vernunft in nicht zu ferner Zeit der weiteren Öffentlichkeit vorlegen zu können.

rungsmäßige „Abhängigkeit“ vom Physischen ein Mittel, das Psychische als individuelles Sein intersubjektiv zu bestimmen und zugleich in fortschreitendem Maße die psychophysischen Beziehungen zu durchforschen. Das ist die Domäne der „Psychologie als Naturwissenschaft“, die dem wörtlichen Sinne nach psychophysische Psychologie und dabei natürlich, im Gegensatz zur Phänomenologie, empirische Wissenschaft ist.

Es ist freilich nicht unbedenklich, die Psychologie, die Wissenschaft vom „Psychischen“, nur als solche von den „psychischen Phänomenen“ und deren Verknüpfungen mit dem Leibe anzusehen. *De facto* ist sie doch überall geleitet von jenen urwüchsigen und unvermeidlichen Objektivierungen, deren Korrelate die empirischen Einheiten Mensch und Tier,
38 andererseits Seele, Persönlichkeit bzw. ¦ Charakter, Disposition der Persönlichkeit sind. Indessen, für unsere Zwecke ist es nicht nötig, der Wesensanalyse dieser Einheitsbildungen nachzugehen und dem Problem, wie sie von sich aus die Aufgabe der Psychologie bestimmen. So viel wird nämlich alsbald klar, daß diese Einheiten von prinzipiell anderer Artung sind als die Dinglichkeiten der Natur, die ja ihrem Wesen nach Ge-
320 gebenheiten durch abschat|tende Erscheinungen sind, während dies von den fraglichen Einheiten in keiner Weise gilt. Nur die fundierende Unterlage „Menschenleib“, nicht aber der Mensch selbst, ist eine Einheit dinglicher Erscheinung, und erst recht nicht Persönlichkeit, Charakter usw. Offenbar werden wir mit all solchen Einheiten zurückgewiesen auf die immanente Lebenseinheit des jeweiligen Bewußtseinsflusses und auf morphologische Eigentümlichkeiten, die verschiedene solche immanente Einheiten unterscheiden. Demgemäß sieht sich auch alle psychologische Erkenntnis, selbst wo sie primär auf menschliche Individualitäten, Charaktere, Dispositionen bezogen ist, zurückverwiesen auf jene Einheiten des Bewußtseins und somit auf das Studium der Phänomene selbst und ihrer Verflechtungen.

Man braucht nun, insbesondere nach all den gegebenen Ausführungen, keiner Umstände mehr, um klar und aus tiefsten Gründen einzusehen, was oben schon dargelegt worden ist:[33] daß alle im gewöhnlichen Sinne psychologische Erkenntnis Wesenserkenntnis des Psychischen voraussetzt und daß die Hoffnung, durch psychophysische Experimente und durch jene unabsichtlichen inneren Wahrnehmungen bzw. Erfahrungen das Wesen der Erinnerung, des Urteils, des Willens u. dgl. erforschen zu wollen, um dadurch die strengen Begriffe zu gewinnen, die der Bezeichnung des Psychischen in den psychophysischen Aussagen, und ihnen selbst, allein wissenschaftlichen Wert geben können – der Gipfel der Verkehrtheit wäre.

Der Grundfehler der modernen Psychologie, der sie hindert, Psychologie im wahren, voll-wissenschaftlichen Sinn zu sein, ist, daß sie diese phänomenologische Methode nicht erkannt und ausgebildet hat. Sie ließ sich durch historische
Vorurteile davon abhalten, die in ¦ aller klärenden Begriffs- 39
analyse gelegenen Ansätze zu solcher Methode zu nützen. Damit hängt es zusammen, daß die meisten Psychologen die schon vorliegenden Anfänge der Phänomenologie nicht verstanden, ja öfters sogar die in rein intuitiver Einstellung vollzogene Wesensforschung für – metaphysisch-scholastische Substraktion gehalten haben. In der schauenden Haltung Erfaßtes und Beschriebenes kann aber nur in schauender Haltung verstanden und nachgeprüft werden.

Es ist nach all dem Ausgeführten klar und wird, wie ich Grund genug habe zu hoffen, bald allgemeiner anerkannt sein, daß eine wirklich zureichende empirische Wissenschaft vom Psychischen in seinen Naturbezügen erst dann im Werke sein kann, wenn die Psychologie sich auf eine systematische Phänomenologie baut; wenn also die Wesensgestaltun-
gen des Bewußtseins und seiner imma|nenten Korrelate, im 321
systematischen Zusammenhange rein schauend erforscht und fixiert, die Normen abgeben für den wissenschaftlichen

[33] *Handexemplar Randbemerkung* ⟨vgl. S.⟩ 314. Psychologische Erkenntnis im gewöhnlichen Sinn setzt Wesenserkenntnis des Psychischen im Sinn des „phänomenalen“ Immanenten voraus.

Sinn und Gehalt der Begriffe von jederlei Phänomenen, also der Begriffe, mit denen der empirische Psychologe das Psychische selbst in seinen psychophysischen Urteilen ausdrückt. Nur eine wirklich radikale und systematische Phänomenologie, nicht nebenher und in vereinzelten Reflexionen betrieben, sondern in ausschließlicher Hingabe an die höchst vielfältigen und verwickelten Probleme des Bewußtseins, und betrieben mit einem völlig freien, durch keine naturalistischen Vorurteile geblendeten Geiste, kann uns Verständnis von „Psychischem" in der Sphäre des individuellen[34] wie des Gemeinschaftsbewußtseins – geben. Dann erst wird die gewaltige experimentelle Arbeit unserer Zeit, die Fülle gesammelter empirischer Tatsachen und z. T. sehr interessanter Regelmäßigkeiten durch auswertende Kritik und psychologische Interpretation ihre rechten Früchte tragen. Dann wird man auch wieder zugestehen können, was man für die heutige Psychologie in keiner Weise zugestehen kann: daß Psychologie zu Philosophie in naher, ja nächster Beziehung stehe. Dann wird auch das Paradoxon des Antipsychologismus, daß eine Theorie der Erkenntnis keine psychologische Theorie sei, allen Anstoß verlieren, sofern jede wirkliche Erkenntnistheorie notwendig auf Phänomenologie beruhen muß, die so das gemeinsame Fundament jeder Philosophie und Psycho-
40 logie ausmacht. Und ¦ endlich wird dann auch jene Art philosophischer Scheinliteratur nicht mehr möglich sein, die heutzutage so üppig wuchert und die uns mit der Prätention auf ernsteste Wissenschaftlichkeit ihre Erkenntnistheorien, logischen Theorien, Ethiken, Naturphilosophien, Pädagogiken auf naturwissenschaftlicher und vor allem „experimentell-psychologischer Grundlage" darbietet. In der Tat kann man angesichts dieser Literatur nur staunen über den Verfall des Sinnes für die abgrundtiefen Probleme und Schwierigkeiten, denen die größten Geister der Menschheit ihre Lebensarbeit gewidmet haben, und leider auch über den Verfall des

34 *Handexemplar Randbemerkung* also auch des Gemeinschaftsbewußtseins

Sinnes für echte Gründlichkeit, die uns doch innerhalb der experimentellen Psychologie selbst – trotz der prinzipiellen Mängel, die ihr nach unserer Auffassung anhaften – so viel Achtung abnötigt. | Ich bin fest überzeugt, daß das histori- 322
sche Urteil über diese Literatur dereinst sehr viel härter ausfallen wird als über die so viel getadelte Popularphilosophie des 18. Jahrhunderts.[35, 36]

[35] Nicht zum mindesten dankt sie Förderung dem Umstande, daß die Meinung, Psychologie – und selbstverständlich „exakte“ Psychologie – sei das Fundament der wissenschaftlichen Philosophie, wenigstens in den naturwissenschaftlichen Gruppen der philosophischen Fakultäten zum festen Axiom geworden ist und diese nun, dem Drucke der Naturwissenschaftler nachgebend, sehr eifrig dabei sind, eine philosophische Professur nach der andern Forschern zu übertragen, die in ihrem Gebiete vielleicht sehr hervorragend sind, mit der Philosophie aber nicht mehr innere Fühlung haben als etwa die Chemiker oder Physiker.

[36] Zufällig kommt mir, während ich diesen Aufsatz niederschreibe, das vortreffliche Referat „Über das Wesen und die Bedeutung der Einfühlung“ von Dr. M. Geiger – München im *Bericht über den IV. Kongreß für experimentelle Psychologie in Innsbruck*, Leipzig 1911, zur Hand. In sehr lehrreicher Weise bemüht sich der Verfasser, die echten psychologischen Probleme, die in den bisherigen Versuchen um eine Deskription und Theorie der Einfühlung teils klar zutage getreten sind, teils sich unklar ineinander mengten, zu scheiden, und bespricht das, was in Hinsicht auf ihre Lösung versucht und geleistet worden ist. Das wurde ihm von der Versammlung, wie aus dem Bericht über die Diskussion (a. a. O. S. 66) zu ersehen, übel gedankt. Unter lautem Beifall sagt Fräulein Martin: „Als ich hierherkam, habe ich erwartet, etwas zu hören über die Experimente in dem Gebiet der Einfühlung. Aber was habe ich eigentlich gehört – lauter alte, uralte Theorien. Nichts von Experimenten auf diesem Gebiet. Das ist keine philosophische Gesellschaft. Es schien mir, daß die Zeit gekommen ist, daß derjenige, welcher solche Theorien hierherbringen will, zeigen sollte, ob sie durch Experimente bestätigt sind. In dem Gebiet der Ästhetik sind solche Experimente gemacht, z. B. die Experimente von Stratton über die ästhetische Bedeutung der Augenbewegungen, auch meine Untersuchungen über diese Theorie von der inneren Wahrnehmung.“ Ferner: Marbe „sieht die Bedeutung der Lehre von der Einfühlung in der Anregung zu experimentellen Untersuchungen, wie solche übrigens in diesem Gebiet auch schon angestellt

Wir verlassen nun das Streitfeld des psychologischen Naturalismus. Vielleicht dürfen wir sagen, daß der seit Lockes Zeiten
41 vordrin¦gende Psychologismus eigentlich nur eine getrübte Form war, in der sich die allein rechtmäßige philosophische Tendenz auf eine phänomenologische Begründung der Philosophie durcharbeiten mußte. Zudem, sofern phänomenologische Forschung Wesensforschung, also im echten Sinne apriorische ist, trägt sie zugleich allen berechtigten Motiven des Apriorismus volle Rechnung. Jedenfalls dürfte unsere Kritik deutlich gemacht haben, daß den Naturalismus als eine prinzipiell verfehlte Philosophie erkennen noch nicht heißt, die Idee einer streng wissenschaftlichen Philosophie, einer „Philosophie von unten“, preisgeben. Die kritische Scheidung der psychologischen und phänomenologischen Methode weist in der letzteren den wahren Weg zu einer wissenschaftlichen Theorie der Vernunft und desgleichen zu einer ausreichenden Psychologie.

Unserem Plane gemäß gehen wir nun zur Kritik des Historizismus und zur Erörterung der Weltanschauungsphiloso-
323 phie über. |

## HISTORIZISMUS UND WELTANSCHAUUNGSPHILOSOPHIE

Der Historizismus nimmt seine Position in der Tatsachensphäre des empirischen Geisteslebens, und indem er es absolut setzt, ohne es gerade zu naturalisieren (zumal der spezifische Sinn von Natur dem historischen Denken fernliegt und es jedenfalls nicht allgemein bestimmend beeinflußt), erwächst ein Relativismus, der seine nahe Verwandtschaft mit dem naturalistischen Psychologismus hat und der in analoge skeptische Schwierigkeiten verwickelt. Uns interessiert hier

wurden. Die Methode der Vertreter der Lehre von der Einfühlung verhält sich zur experimentell-psychologischen vielfach wie die Methode der Vorsokratiker zu der der modernen Naturwissenschaft“. Ich habe zu diesen Tatsachen nichts weiter zu sagen.

nur das Eigentümliche der historizistischen Skepsis, mit dem wir uns eingehender vertraut machen wollen.

Alle Geistesgestaltung – das Wort in einem möglichst weiten Sinne gedacht, der jede Art gesellschaftlicher Einheit, zuunterst die des Individuums selbst, aber auch jedwede Kulturgestaltung befassen mag – hat ihre innere Struktur, ihre Typik, ihren wunderbaren Reichtum äußerer und innerer Formen, die im Strom des Geisteslebens selbst erwachsen, sich wieder umwandeln und in der Art der Umwandlung selbst wieder strukturelle und typische Unterschiede hervortreten lassen. In der anschaulichen Außenwelt bieten uns Struktur und Typik des organischen Werdens genaue Analoga. Es gibt da keine festen Spezies und keinen Bau derselben aus festen organischen Elementen. Alles scheinbar Feste ist ein Strom der Ent¦wicklung. Leben wir uns durch innerliche Intuition ein 42
in die Einheit des Geisteslebens, so können wir die in ihm waltenden Motivationen nachfühlen und damit auch Wesen und Entwicklung der jeweiligen Geistesgestalt in ihrer Abhängigkeit von den geistigen Einheitsund Entwicklungsmotiven „verstehen". In dieser Art wird uns alles Historische „verständlich", „erklärlich", in seiner Eigenart des „Seins", das eben „geistiges Sein", Einheit innerlich sich fordernder Momente eines Sinnes ist und dabei Einheit des sich sinngemäß nach innerer Motivation Gestaltens und Entwickelns. In dieser Art kann also auch intuitiv erforscht werden die Kunst, die Religion, die Sitte u. dgl. Ebenso die ihnen nahestehende und in ihnen zugleich mit zum Ausdruck kommende Weltanschauung, welche, wenn sie die Formen der Wissenschaft annimmt und in der Art der Wissenschaft Anspruch auf objektive Geltung erhebt, Metaphysik oder auch Philosophie genannt zu werden pflegt. Es ergibt sich also in Hinsicht auf solche Philosophien die große Aufgabe, die morphologische Struktur, die Typik derselben sowie ihre Entwicklungszusammenhänge zu durchforschen und durch innerstes Nachleben die ihr Wesen bestimmenden Geistesmotivationen zu historischem Verständnis zu bringen. Wie Bedeutsames und in der Tat Bewunderungswürdiges in dieser Hinsicht zu lei-

324 sten ist, das zeigen W. Diltheys Schriften, insbe|sondere die jüngst erschienene Abhandlung über die Typen der Weltanschauung[37].

Bisher war natürlich von Historie, nicht aber von Historizismus die Rede. Wir erfassen die zu ihm hindrängenden Motive am leichtesten, wenn wir in einigen Sätzen Diltheys Darstellung folgen. Wir lesen: „Unter den Gründen, welche dem Skeptizismus immer von neuem Nahrung geben, ist einer der wirksamsten die Anarchie der philosophischen Systeme“ (3). „Viel tiefer aber als die skeptischen Schlüsse aus der Gegensätzlichkeit der menschlichen Meinungen reichen die Zweifel, welche der fortschreitenden Entwicklung des geschichtlichen Bewußtseins erwachsen sind“ (4). „Die Entwicklungslehre [als naturwissenschaftliche Evolutionslehre, verwoben mit der entwicklungsgeschichtlichen Erkenntnis der Kulturgestaltungen] ist notwendig verbunden mit der Erkenntnis der Relativität der geschichtlichen Lebensform. Vor dem Blick, der die Erde und alle Vergangenheiten um-
43 spannt, schwindet die absolute Gültigkeit ¦ irgendeiner einzelnen Form von Lebensverfassung, Religion und Philosophie. So zerstört die Ausbildung des geschichtlichen Bewußtseins gründlicher noch als der Überblick über den Streit der Systeme den Glauben an die Allgemeingültigkeit irgendeiner der Philosophien, welche den Weltzusammenhang in zwingender Weise durch einen Zusammenhang von Begriffen auszusprechen unternommen haben (6).“

An der tatsächlichen Wahrheit des hierin Gesagten ist offenbar kein Zweifel. Die Frage ist aber, ob es, in prinzipieller Allgemeinheit genommen, berechtigt sein kann. Gewiß, Weltanschauung und Weltanschauungsphilosophie sind Kulturgestaltungen, die im Strom der Menschheitsentwicklung werden und verschwinden, wobei ihr Geistesgehalt ein unter den gegebenen historischen Verhältnissen bestimmt

[37] Vgl. den Sammelband *Weltanschauung. Philosophie und Religion in Darstellungen von W. Dilthey, Bernhard Groethuysen, Georg Misch u. a.*, Berlin, Reichl & Co., 1911.

motivierter ist. Dasselbe gilt aber auch von den strengen Wissenschaften. Entbehren sie darum der objektiven Gültigkeit? Ein ganz extremer Historizist wird dies vielleicht bejahen, er wird hier auf den Wandel der wissenschaftlichen Ansichten hinweisen, wie das, was heute als bewiesene Theorie gilt, morgen als nichtig erkannt wird, wie die einen von sicheren Gesetzen sprechen, was die anderen bloße Hypothesen und die Dritten vage Einfälle nennen. Usw. Hätten wir danach, angesichts dieses ständigen Wandels der wissenschaftlichen Ansichten, wirklich kein Recht, von Wissenschaften nicht nur als von Kulturgestaltungen, sondern als von objektiven Geltungseinheiten zu sprechen? Man sieht leicht, daß der Historizismus konsequent durchgeführt in den extremen skeptischen Subjek | tivismus übergeht. Die Ideen Wahrheit, Theo- 325
rie, Wissenschaft würden dann, wie alle Ideen, ihre absolute Gültigkeit verlieren. Eine Idee habe Gültigkeit, bedeutete, sie sei ein faktisches Geistesgebilde, das für geltend gehalten wird und in dieser Faktizität des Geltens das Denken bestimmt. Gültigkeit schlechthin oder „an sich“, die ist, was sie ist, auch wenn niemand sie vollziehen mag und keine historische Menschheit sie je vollziehen würde, das gäbe es nicht. Dann also auch nicht für den Satz vom Widerspruch und alle Logik, die ja ohnehin in unserer Zeit in vollem Flusse ist. Vielleicht ist das Ende, daß sich die logischen Prinzipien der Widerspruchslosigkeit in ihr Gegenteil verkehren. Und in weiterer Folge hätten auch all die Sätze, die wir jetzt ausgesprochen, und selbst die Möglichkeiten, die wir erwogen und als gültig bestehende in Anspruch genommen haben, an sich keine Gültigkeit. Usw. Es ist nicht ¦ nötig, hierin weiterzuge- 44
hen und Erörterungen zu wiederholen, die an anderem Orte gegeben sind[38]. Es wird wohl genügen, um das Zugeständnis zu gewinnen, daß – wie große Schwierigkeiten das Verhältnis zwischen fließendem Gelten und objektiver Gültigkeit, zwischen Wissenschaft als Kulturerscheinung und Wissenschaft als System gültiger Theorie dem aufklärenden Verständnis

[38] Im I. Bande meiner *Logischen Untersuchungen.*

bieten mag – der Unterschied und Gegensatz anerkannt
werden müsse. Haben wir aber Wissenschaft als gültige
Idee zugestanden, welchen Grund hätten wir noch, ähnliche
Unterschiede zwischen historisch Geltendem und Gültigem
nicht auch sonst mindestens für offen zu halten – mögen wir
sie „vernunftkritisch“ verstehen können oder nicht? Histo-
rie, empirische Geisteswissenschaft überhaupt, kann von sich
aus gar nichts darüber ausmachen, nicht in positivem und
nicht in negativem Sinn, ob zwischen Religion als Kultur-
gestaltung und Religion als Idee, d. i. als gültiger Religion,
ob zwischen Kunst als Kulturgestaltung und gültiger Kunst,
ob zwischen historischem und gültigem Recht und schließlich
auch zwischen historischer und gültiger Philosophie zu unter-
scheiden sei; ob oder ob nicht zwischen dem einen und ande-
ren, platonisch gesprochen, das Verhältnis bestehe der Idee
und ihrer getrübten Erscheinungsform. Und wenn Geistes-
gestaltungen in Wahrheit unter dem Gesichtspunkt solcher
Gegensätze der Gültigkeit betrachtet und beurteilt werden
können, so ist die wissenschaftliche Entscheidung über die
Gültigkeit selbst und über ihre idealen normativen Prinzi-
pien nichts weniger als Sache der empirischen Wissenschaft.
Der Mathematiker wird sich ja auch nicht an die Historie
wenden, um Belehrung über die Wahrheit mathematischer
Theorien zu gewinnen; es wird ihm nicht einfallen, die hi-
storische Entwicklung der mathematischen Vorstellungen
326 und Urteile mit der Frage der | Wahrheit in Beziehung zu
bringen. Wie sollte also der Historiker über die Wahrheit der
gegebenen philosophischen Systeme und erst recht über die
Möglichkeit einer an sich gültigen philosophischen Wissen-
schaft überhaupt zu entscheiden haben? Und was hätte er je
beizubringen, das den Philosophen im Glauben an seine Idee,
an die einer *wahren* Philosophie wankend machen könnte?
Wer ein bestimmtes System leugnet, nicht minder, wer die
ideale Möglichkeit eines philosophischen Systems überhaupt
leugnet, muß Gründe beibringen. Historische Tatsachen der
45 Ent¦wicklung, auch allgemeinste der Entwicklungsart von
Systemen überhaupt, mögen Gründe, gute Gründe sein. Aber

historische Gründe können nur historische Folgen aus sich hergeben. Aus Tatsachen Ideen sei es begründen oder widerlegen wollen ist Widersinn – *ex pumice aquam*, wie Kant zitierte.[39]

Die Historie kann danach wie gegen die Möglichkeit absoluter Gültigkeiten überhaupt, so im besondern gegen die Möglichkeit einer absoluten, d.i. wissenschaftlichen Metaphysik und sonstigen Philosophie nichts Relevantes vorbringen. Selbst die Behauptung, daß es bisher keine wissenschaftliche Philosophie gegeben habe, kann sie als Historie nimmermehr begründen, sie kann es nur aus anderen Erkenntnisquellen begründen, und das sind offenbar schon philosophische: Denn es ist klar, daß auch philosophische Kritik, sofern sie wirklich auf Gültigkeit Anspruch erheben soll, Philosophie ist und in ihrem Sinne die ideale Möglichkeit einer systematischen Philosophie als strenger Wissenschaft impliziert. Die unbedingte Behauptung, jede wissenschaftliche Philosophie sei eine Chimäre, mit der Begründung, daß die angeblichen Versuche der Jahrtausende die innere Unmöglichkeit solcher Philosophie wahrscheinlich machen, ist nicht nur darum verkehrt, weil ein Schluß von den paar Jahrtausenden höherer Kultur auf eine unbegrenzte Zukunft keine gute Induktion wäre, sondern verkehrt als ein absoluter Widersinn, wie $2 \times 2 = 5$. Und das aus dem angedeuteten Grunde: Entweder philosophische Kritik findet etwas vor, es objektiv gültig zu widerlegen, dann ist auch ein Feld da, etwas objektiv gültig zu begründen. Sind die Probleme nach-

39 Dilthey lehnt a.a.O. ebenfalls den historizistischen Skeptizismus ab; ich verstehe aber nicht, wie er aus seiner so lehrreichen Analyse der Struktur und Typik der Weltanschauungen entscheidende Gründe gegen den Skeptizismus gewonnen zu haben glaubt. Denn, wie im Text ausgeführt, weder gegen noch für irgendetwas, das auf objektive Gültigkeit Anspruch erhebt, kann eine doch empirische Geisteswissenschaft argumentieren. Die Sache wird anders, und das scheint innerlich sein Denken zu bewegen, wenn die empirische Einstellung, die auf empirisches Verstehen geht, mit der phänomenologischen Wesenseinstellung vertauscht wird.

327 gewiesenermaßen „schief" gestellt, so muß es | eine mögliche Zurechtstellung und gerade Probleme geben. Erweist Kritik, daß die historisch erwachsene Philosophie mit verworrenen Begriffen operiert, Begriffsmengungen, Trugschlüsse begangen habe, so liegt darin unleugbar, wenn man nicht in Sinnlosigkeiten verfallen möchte, daß sich, ideal gesprochen, die Begriffe verdeutlichen, klären, unterschieden erhalten, daß sich im gegebenen Felde richtige Schlüsse ziehen lassen usw.
46 Jede rechte, tief dringende ¦ Kritik gibt selbst schon Mittel des Fortschrittes, weist *idealiter* auf rechte Ziele und Wege hin und somit auf eine objektiv gültige Wissenschaft. Es wäre zu alldem natürlich auch zu sagen, daß die historische Unhaltbarkeit einer Geistesgestaltung als Tatsache gar nichts zu tun hat mit der Unhaltbarkeit im Sinne der Gültigkeit; was, wie alles bisher Ausgeführte, für jederlei Sphären prätendierter Gültigkeit seine Anwendung findet.

Was den Historizisten noch irreführen mag, ist der Umstand, daß wir durch Einleben in eine historisch rekonstruierte Geistesgestaltung, in das in ihr waltende Meinen bzw. Bedeuten sowie in die zugehörigen Zusammenhänge der Motivation, nicht nur ihren inneren Sinn verstehen, sondern auch ihren relativen Wert beurteilen können. Versetzen wir uns etwa assumptiv in die Prämissen hinein, über welche ein historischer Philosoph zu verfügen hatte, so können wir evtl. die relative „Konsequenz" seiner Philosophie anerkennen, ja bewundern, in anderer Hinsicht die Inkonsequenzen mit Problemverschiebungen und Verwechslungen entschuldigen, die bei der damaligen Stufe der Problematik und Bedeutungsanalyse unvermeidlich gewesen seien. Wir können die gelungene Lösung eines wissenschaftlichen Problems als eine große Leistung einschätzen, das heute einer Problemklasse angehört, die ein Gymnasiast leicht bewältigen würde. Und Analoges gilt in allen Gebieten. Demgegenüber bleiben wir selbstverständlich dabei, daß die Prinzipien auch solcher relativen Wertungen in den idealen Sphären liegen, die der wertende Historiker, der nicht bloße Entwicklungen verstehen will, nur voraussetzen, nicht aber – als Historiker – begründen kann.

Die Norm des Mathematischen liegt in der Mathematik, die des Logischen in der Logik, die des Ethischen in der Ethik usw. In diesen Disziplinen hätte er Gründe und Begründungsmethoden zu suchen, wenn er eben wissenschaftlich auch in der Wertung verfahren wollte. Gibt es in dieser Hinsicht keine streng entwickelten Wissenschaften, nun dann wertet er auf eigene Verantwortung, etwa als ethischer oder religiösgläubiger Mensch und jedenfalls nicht als wissenschaftlicher Historiker.

Wenn ich danach den Historizismus als eine erkenntnistheoretische Verirrung ansehe, die vermöge ihrer widersinnigen Konsequenzen genau so schroff abgelehnt werden müsse
wie der Naturalismus, so | möchte ich doch ausdrücklich be- 328
tonen, daß ich den ungeheuren Wert der Geschichte im wei-
testen Sinne für den Philosophen voll ¦ anerkenne. Für ihn ist 47
die Entdeckung des Gemeingeistes ebenso bedeutsam wie die Entdeckung der Natur. Ja dem Philosophen bietet die Vertiefung in das allgemeine Geistesleben ein ursprünglicheres und darum fundamentaleres Forschungsmaterial als diejenige in die Natur. Denn das Reich der Phänomenologie, als einer Wesenslehre, erstreckt sich vom individuellen Geiste alsbald über das ganze Feld des allgemeinen Geistes, und wenn Dilthey in so eindrucksvoller Weise zur Geltung gebracht hat, daß die psychophysische Psychologie nicht diejenige sei, welche als „Grundlage der Geisteswissenschaften" dienen könne, so würde ich sagen, daß es einzig und allein die phänomenologische Wesenslehre ist, welche eine Philosophie des Geistes zu begründen vermag.

*

Wir gehen jetzt dazu über, den Sinn und das Recht der Weltanschauungsphilosophie zu erwägen, um sie nachher der Philosophie als strenger Wissenschaft gegenüberzustellen. Die Weltanschauungsphilosophie[40] der Neuzeit ist, wie schon

40 *Handexemplar Randbemerkung* Vgl. Lotzes Bestimmung der Aufgabe der Philosophie, Logikdiktate ⟨= R. H. Lotze, *Logik und Enzyklo-*

angedeutet worden, ein Kind des historizistischen Skeptizismus. Normalerweise macht dieser halt vor den positiven Wissenschaften, denen er, inkonsequent wie er nach Art jedes Skeptizismus ist, wirklichen Geltungswert beimißt. Die Weltanschauungsphilosophie setzt demgemäß die sämtlichen Einzelwissenschaften als Schatzkammern objektiver Wahrheit voraus, und sofern sie nun ihr Ziel darin findet, unserem Bedürfnis nach abschließender und vereinheitlichender, allbegreifender und allverstehender Erkenntnis nach Möglichkeit Genüge zu tun, sieht sie alle Einzelwissenschaften als ihre Fundamente an. Sie nennt sich mit Rücksicht darauf mitunter selbst wissenschaftliche, eben auf festen Wissenschaften bauende Philosophie. Indessen, da recht verstanden zur Wissenschaftlichkeit einer Disziplin nicht nur gehört die Wissenschaftlichkeit der Grundlagen, sondern auch Wissenschaftlichkeit der zielgebenden Probleme, Wissenschaftlichkeit der Methoden und insbesondere auch eine gewisse logische Harmonie zwischen den Leitproblemen auf der einen Seite und gerade solchen Grundlagen und Methoden
48 auf der anderen, so hat die Bezeichnung wissen¦schaftliche Philosophie noch wenig zu besagen. Und in der Tat wird sie allgemein nicht im vollen Ernst verstanden. Die meisten Weltanschauungsphilosophen fühlen sehr wohl, daß es bei ihrer Philosophie mit dem Anspruch auf wissenschaftliche Strenge nicht sehr gut bestellt sei, und manche von ihnen gestehen offen und ehrlich zum mindesten den niederen wissenschaftlichen Rang ihrer Resultate zu. Trotzdem schätzen
329 sie den Wert solcher Art Philosophie, die | eben mehr Weltanschauung als Weltwissenschaft sein will, sehr hoch ein, und um so höher, je skeptischer sie, eben unter dem Einfluß des Historizismus, dem Absehen auf strenge philosophische Weltwissenschaft gegenüberstehen. Ihre Motive, die zugleich den Sinn der Weltanschauungsphilosophie näher bestimmen, sind etwa folgende.

*pädie der Philosophie,* 1883, S.〉 85: im wesentlichen Weltanschauungsphilosophie.

Jede große Philosophie ist nicht nur eine historische Tatsache, sondern sie hat auch in der Entwicklung des Geisteslebens der Menschheit eine große, ja einzigartige teleologische Funktion, nämlich als höchste Steigerung der Lebenserfahrung, der Bildung, der Weisheit ihrer Zeit. Verweilen wir einen Augenblick bei der Klärung dieser Begriffe.

Erfahrung als persönlicher Habitus ist der Niederschlag der im Ablauf des Lebens vorangegangenen Akte natürlicher erfahrender Stellungnahme. Er ist durch die Art wesentlich bedingt, wie die Persönlichkeit sich, als diese besondere Individualität, durch Akte eigenen Erfahrens motivieren, und nicht minder, wie sie fremde und überkommene Erfahrungen in der Weise eigener Zustimmung oder Ablehnung auf sich wirken läßt. Was die Erkenntnisakte anlangt, die der Titel Erfahrung befaßt, so können es Erkenntnisse von natürlichem Dasein jeder Art sein, entweder schlichte Wahrnehmungen und sonstige Akte unmittelbar anschaulicher Erkenntnis oder die darauf gegründeten Denkakte in verschiedenen Stufen logischer Verarbeitung und Berechtigung. Aber das reicht nicht hin. Erfahrungen haben wir auch von Kunstwerken und von sonstigen Schönheitswerten; nicht minder von ethischen Werten, sei es auf Grund unseres eigenen ethischen Verhaltens oder der Hineinschauung in dasjenige anderer; ebenso von Gütern, praktischen Nützlichkeiten, technischen Verwendbarkeiten. Kurzum, wir machen nicht nur theoretische, sondern auch axiologische und praktische Erfahrungen. Die Analyse zeigt, daß die letzteren auf wertendes und wollendes Erleben als Anschauungsunterlagen zurückweisen. Auch auf solche Erfahrungen bauen sich Erfahrungserkenntnisse höherer, logischer Dignität. ¦ Danach hat der 49
allseitig Erfahrene, oder wie wir auch sagen „Gebildete", nicht nur Welterfahrung, sondern auch religiöse, ästhetische, ethische, politische, praktisch-technische u. a. Erfahrung oder „Bildung". Indessen gebrauchen wir dieses freilich sehr abgegriffene Wort Bildung, sofern wir ja das Gegenwort Unbildung haben, nur für die relativ höherwertigen Formen des beschriebenen Habitus. Auf besonders hohe Wertstufen

bezieht sich das altmodische Wort Weisheit (Weltweisheit, Welt- und Lebensweisheit) und zumeist auch der jetzt beliebte Ausdruck Welt- und Lebensanschauung oder Weltan-
330 schauung schlechthin. |

Weisheit oder Weltanschauung in diesem Sinne werden wir als eine wesentliche Komponente jenes noch wertvolleren menschlichen Habitus ansehen müssen, der uns in der Idee der vollkommenen Tugend vorschwebt und der die habituelle Tüchtigkeit in Beziehung auf alle möglichen Richtungen menschlicher Stellungnahme, auf erkennende, wertende und wollende, bezeichnet. Denn es geht offenbar mit dieser Tüchtigkeit Hand in Hand die wohlgebildete Fähigkeit, über die Gegenständlichkeiten solcher Stellungnahmen, über Umwelt, Werte, Güter, Taten usw., vernünftig urteilen bzw. seine Stellungnahmen ausdrücklich rechtfertigen zu können. Das aber setzt Weisheit voraus und gehört mit zu deren höheren Formen.

Weisheit oder Weltanschauung in diesem bestimmten, obschon eine Mannigfaltigkeit von Typen und Wertabstufungen beschließenden Sinne ist, wie nicht weiter ausgeführt zu werden braucht, keine bloße Leistung der vereinzelten Persönlichkeit, die ohnehin eine Abstraktion wäre; sie gehört zur Kulturgemeinschaft und Zeit, und es hat mit Beziehung auf ihre ausgeprägtesten Formen einen guten Sinn, nicht nur von Bildung und Weltanschauung eines bestimmten Individuums, sondern von derjenigen der Zeit zu sprechen. Insbesondere gilt das von den jetzt zu behandelnden Formen.

Die denkmäßige Fassung der in einer großen philosophischen Persönlichkeit lebendigen, innerlich reichsten, aber sich selbst noch dunkeln, unbegriffenen Weisheit eröffnet die Möglichkeiten logischer Verarbeitung; auf höherer Kulturstufe die Anwendung der in den strengen Wissenschaften ausgebildeten logischen Methodik. Daß der Gesamtinhalt dieser Wissenschaften, die ja dem Individuum als geltende Forderungen des Gemeingeistes gegenüberstehen, auf dieser Stufe zum Unterbau einer wertvollen Bildung oder Weltanschauung gehört, ist selbstverständlich. Indem nun die leben-

digen und darum ¦ überzeugungskräftigsten Bildungsmotive 50
der Zeit nicht nur begriffliche Fassung, sondern auch logische
Entfaltung und sonstige denkmäßige Verarbeitung erfahren
und die so gewonnenen Ergebnisse im Wechselspiel mit neu
zufließenden Anschauungen und Einsichten zu wissenschaft-
licher Vereinheitlichung und konsequenter Vollendung ge-
bracht werden, erwächst eine außerordentliche Erweiterung
und Steigerung der ursprünglich unbegriffenen Weisheit. Es
erwächst eine *Weltanschauungsphilosophie*, die in den
großen Systemen die relativ vollkommenste Antwort auf die
Rätsel des Lebens und der Welt gibt, nämlich auf die best-
mögliche Weise die theoretischen, axiologischen, praktischen
Unstimmigkeiten des Lebens, die Erfahrung, Weisheit, bloße
Welt- und Lebensanschauung nur unvollkommen überwin-
den können, zur Auflösung und befriedigenden Klärung
bringt. Das Gei|stesleben der Menschheit mit seiner Fülle 331
immer neuer Bildungen, neuer Geisteskämpfe, neuer Erfah-
rungen, neuer Wertungen und Zielgebungen schreitet aber
weiter; mit dem erweiterten Horizont des Lebens, in den all
die neuen Geistesgestaltungen eintreten, ändern sich Bildung,
Weisheit und Weltanschauung, ändert sich die Philosophie,
zu höheren und immer höheren Gipfeln emporsteigend.

Sofern der Wert der Weltanschauungsphilosophie, und damit auch des Strebens nach solcher Philosophie, zunächst bedingt ist durch den Wert von Weisheit und von Weisheitsstreben, ist eine besondere Erwägung des Zieles, das sie sich stellt, kaum nötig. Faßt man den Begriff der Weisheit so weit, als wir es taten, so drückt sie ja eine wesentliche Komponente des Ideals der nach Maßgabe der jeweiligen Phase des Menschheitslebens erreichbaren vollkommenen Tüchtigkeit aus, mit anderen Worten, einer relativ vollkommenen konkreten Abschattung der Idee der *Humanität*. Es ist also klar, wie jedermann danach streben soll, eine möglichst und allseitig tüchtige Persönlichkeit zu sein, tüchtig nach allen Grundrichtungen des Lebens, die ihrerseits den Grundarten möglicher Stellungnahmen entsprechen, so auch in jeder dieser Richtungen möglichst „erfahren“, möglichst „weise“ und darum auch möglichst „weisheitsliebend". Der Idee nach ist jeder strebende Mensch notwendig „Philosoph" im ursprünglichsten Wortsinne.

Aus den natürlichen Reflexionen über die besten Wege, das hohe Ziel der Humanität und damit zugleich der vollkommenen Weisheit zu erreichen, ist bekanntlich eine Kunstlehre
51 erwachsen, die vom ¦ tugendhaften oder tüchtigen Menschen. Wird sie, wie in der Regel, als Kunstlehre vom richtigen Handeln definiert, so kommt dies offenbar auf dasselbe hinaus. Denn das konsequent tüchtige Handeln, das ja gemeint ist, führt zurück auf den tüchtigen praktischen Charakter, und dieser setzt habituelle Vollkommenheit in axiologischer und intellektueller Hinsicht voraus. Bewußtes Streben nach Vollkommenheit wieder setzt voraus Streben nach allseitiger Weisheit. In materialer Hinsicht verweist diese Disziplin den Strebenden auf die verschiedenen Gruppen von Werten, die in den Wissenschaften, Künsten, der Religion usw., die jedes handelnde Individuum als übersubjektive und bindende Geltungen anzuerkennen hat. Und einer der höchsten dieser Werte ist die Idee dieser Weisheit und vollkommenen Tüchtigkeit selbst. Natürlich tritt auch diese ob mehr populär oder wissenschaftlich gehaltene ethische Kunstlehre mit in den Rahmen einer Weltanschauungsphilosophie hinein, die ihrerseits mit allen ihren Gebieten, sowie sie im Gemeinschaftsbewußtsein ihrer Zeit erwachsen ist und dem Individuum
332 überzeugungskräftig als objektive Geltung | gegenübertritt, zu einer höchst bedeutsamen Bildungsmacht werden muß, zu einem Ausstrahlungspunkt wertvollster Bildungsenergien für die wertvollsten Persönlichkeiten der Zeit.

*

Nachdem wir dem hohen Werte der Weltanschauungsphilosophie volle Gerechtigkeit haben angedeihen lassen, möchte es scheinen, daß nichts uns abhalten dürfte, das Streben nach solcher Philosophie *unbedingt* zu empfehlen.

Vielleicht läßt sich doch zeigen, daß in Hinblick auf die Idee der Philosophie noch anderen und *von gewissen* Ge-

sichtspunkten höheren Werten genugzutun ist, nämlich denjenigen einer philosophischen Wissenschaft. Es ist Folgendes zu bedenken. Unsere Erwägung vollzieht sich von der Höhe der wissenschaftlichen Kultur unserer Zeit aus, die eine Zeit zu gewaltigen Mächten objektivierter strenger Wissenschaften ist. Für das neuzeitliche Bewußtsein haben sich die Ideen Bildung oder Weltanschauung und Wissenschaft – als praktische Idee verstanden – scharf getrennt, und sie bleiben von nun ab für alle Ewigkeit getrennt. Wir mögen es beklagen, aber als eine fortwirkende Tatsache müssen wir es hinnehmen, die unsere praktischen Stellungnahmen entsprechend zu bestimmen hat. Die ¦ historischen Philosophien 52
waren sicherlich Weltanschauungsphilosophien, insofern als der Weisheitstrieb ihre Schöpfer beherrschte; aber sie waren genau ebensosehr wissenschaftliche Philosophien, insofern auch das Ziel strenger Wissenschaft in ihnen lebendig war. Beide Ziele waren entweder noch gar nicht oder nicht scharf geschieden. Im praktischen Streben flossen sie zusammen; sie lagen auch in endlichen Fernen, so hoch über sich der Strebende sie empfunden haben mochte. Das hat sich seit der Konstitution einer überzeitlichen *universitas* strenger Wissenschaften[41] gründlich geändert. Generationen um Generationen arbeiten mit Begeisterung an dem gewaltigen Bau der Wissenschaft und fügen ihm ihre bescheidenen Werkstücke ein, sich dessen immer bewußt, daß der Bau ein unendlicher, nie und nimmer abzuschließender sei. Auch Weltanschauung ist zwar eine „Idee", aber die eines im Endlichen liegenden Zieles, in einem Einzelleben in der Weise steter Annäherung prinzipiell zu verwirklichen, ebenso wie die Sittlichkeit, die ja ihren Sinn verlieren würde, wenn sie die Idee von einem prinzipiell transfiniten Unendlichen wäre. Die „Idee" der Weltanschauung ist dabei für jede Zeit eine andere, wie aus der obigen Analyse ihres Begriffes ohne weiteres ersichtlich ist. Die „Idee" der Wissenschaft hingegen ist eine überzeitliche, und das sagt hier, durch keine Relation auf den Geist einer Zeit

41 Handexemplar *als Ideen* Einfügung nach *Wissenschaften*

begrenzt. Mit diesen Unterschieden hängen nun wesentliche Unterschiede praktischer Zielrichtungen zu|sammen. Über-
333 haupt sind ja unsere Lebensziele von doppelter Art, die einen für Zeit, die anderen für Ewigkeit, die einen unserer eigenen Vollkommenheit und der unserer Zeitgenossen dienend, die anderen der Vollkommenheit auch der Nachlebenden, bis in die fernsten Generationen. Wissenschaft ist ein Titel für absolute, zeitlose Werte. Jeder solche Wert, einmal entdeckt, gehört hinfort zum Wertschatze aller weiteren Menschheit und bestimmt offenbar sogleich den materialen Gehalt der Idee der Bildung, Weisheit, Weltanschauung sowie den der Weltanschauungsphilosophie.

Es treten also scharf auseinander: Weltanschauungsphilosophie und wissenschaftliche Philosophie als zwei in gewisser Weise aufeinander bezogene, aber nicht zu vermengende Ideen. Es ist dabei auch zu beachten, daß die erstere nicht etwa die unvollkommene Realisierung der letzteren in der
53 Zeit ist. Denn wenn unsere Auffassung ¦ richtig ist, so gibt es bisher überhaupt noch keine Realisierung jener Idee, d. i. keine aktuell in Gang befindliche Philosophie als strenge Wissenschaft, kein wenn auch unvollständiges „Lehrsystem“, objektiv herausgestellt im einheitlichen Geiste der Forschergemeinschaft unserer Zeit. Andererseits, Weltanschauungsphilosophien gab es schon vor Jahrtausenden. Gleichwohl kann man sagen, daß die Realisierungen dieser Ideen (von beiden solche vorausgesetzt) sich im Unendlichen einander assymptotisch annähern und decken würden, wofern wir uns das Unendliche der Wissenschaft fiktiv als einen „unendlich fernen Punkt“ vorstellen wollten. Der Begriff der Philosophie wäre dabei entsprechend weit zu fassen, so weit, daß er neben den spezifisch philosophischen Wissenschaften alle Einzelwissenschaften umspannte, nachdem sie durch vernunftkritische Aufklärung und Auswertung in Philosophien verwandelt wären.

Nehmen wir die beiden unterschiedenen Ideen als Inhalte von Lebenszielen, so ist danach gegenüber dem Weltanschauungsstreben ein ganz anderes forschendes Streben möglich,

welches, dessen völlig bewußt, daß Wissenschaft nimmer-
mehr vollendete Schöpfung des einzelnen sein kann, gleich-
wohl die größten Energien daran setzt, in Zusammenarbeit
mit Gleichgesinnten einer wissenschaftlichen Philosophie
zum Durchbruch und zu schrittweiser Fortentwicklung zu
verhelfen. Die große Frage der Gegenwart ist, neben der kla-
ren Scheidung, die relative Wertung dieser Ziele und hierbei
auch die ihrer praktischen Vereinbarkeit.

Von vornherein sei zugestanden, daß vom Standpunkt
der philosophierenden Individuen aus eine allgemeingültige
praktische Entscheidung für die eine und andere Art des Phi-
losophierens nicht gegeben werden kann. Die einen sind vor-
wiegend theoretische Menschen, von | Natur aus geneigt, ih- 334
ren Beruf in streng wissenschaftlicher Forschung zu suchen,
wofern nur das sie anziehende Gebiet solcher Forschung Aus-
sichten darbietet. Dabei mag es sein, daß das Interesse, sogar
leidenschaftliche Interesse für dieses Gebiet aus Gemütsbe-
dürfnissen, etwa Weltanschauungsbedürfnissen stammt. Hin-
gegen für ästhetische und praktische Naturen (für Künstler,
Theologen, Juristen usw.) verhält es sich anders. Ihren Beruf
sehen sie in der Realisierung ästhetischer oder praktischer
Ideale, also von Idealen einer außertheoretischen Sphäre.
Hierher rechnen wir auch theologische, juristische, im wei-
testen Sinne technische Forscher und Schriftsteller, sofern sie
durch ihre Schriften nicht die reine Theorie ¦ fördern, sondern 54
primär die Praxis beeinflussen wollen. Freilich ganz rein ist,
in der Lebenswirklichkeit selbst, die Scheidung nicht; und
gerade in einer Zeit, in der praktische Motive übermächtig
empordrängen, wird auch eine theoretische Natur der Kraft
solcher Motive stärker nachgeben können, als dies ihr theore-
tischer Beruf gestatten würde. Hier liegt aber im besonderen
für die Philosophie unserer Zeit eine große Gefahr.

Die Frage ist aber nicht nur vom Standpunkte des Indivi-
duums, sondern von dem der Menschheit und der Geschichte
zu stellen, sofern wir nämlich erwägen, was es für die Ent-
wicklung der Kultur, für die Möglichkeit einer stetig fort-
schreitenden Realisierung der Ewigkeitsidee der Menschheit

– nicht des Menschen *in individuo* – bedeute, ob die Frage vorwiegend im einen oder anderen Sinne entschieden werde, m. a. W., ob die Tendenz zu der einen Art von Philosophie die Zeit ganz beherrsche und die zur anderen – sagen wir der wissenschaftlichen Philosophie – zum Absterben bringe. Auch das ist eine praktische Frage. Denn bis zu den weitesten Weiten des ethischen Ideals, bis zu denen, die die Idee der Menschheitsentwicklung bezeichnet, reichen unsere historischen Einflüsse und somit auch unsere ethischen Verantwortungen.

Wie sich die fragliche Entscheidung für eine theoretische Natur stellen würde, wenn schon zweifellose Anfänge philosophischer Lehre vorlägen, ist klar. Blicken wir auf andere Wissenschaften hin. Alle naturwüchsige mathematische oder naturwissenschaftliche „Weisheit" und Weisheitslehre hat so weit ihr Recht eingebüßt, als die entsprechende theoretische Lehre objektiv gültig begründet ist. Die Wissenschaft hat gesprochen, die Weisheit hat von nun ab zu lernen. Das naturwissenschaftliche Weisheitsstreben vor dem Dasein strenger Wissenschaft war nicht etwa unberechtigt, es wird nachträglich nicht für seine Zeit diskreditiert. In dem Drange des Lebens, in der praktischen Notwendigkeit, Stellung zu nehmen, konnte der Mensch nicht warten, bis – etwa in Jahrtausenden
335 – Wissenschaft da sein würde, | selbst gesetzt, daß er überhaupt die Idee strenger Wissenschaft schon kannte.

Nun bietet andererseits jede noch so exakte Wissenschaft ein nur begrenzt entwickeltes Lehrsystem, umgeben von einem unendlichen Horizont noch nicht wirklich gewordener Wissenschaft. Was soll nun für diesen Horizont als das rechte Ziel gelten, Fortbildung der strengen Lehre oder „Anschau-
55 ung", „Weisheit"? Der theoretische ¦ Mensch, der Naturforscher von Beruf, wird mit der Antwort nicht zögern. Er wird, wo Wissenschaft sprechen kann, und sei es erst in Jahrhunderten, vage „Anschauungen" geringschätzig abweisen. Er würde es für eine Versündigung an der Wissenschaft halten, das Entwerfen von Natur„anschauungen" zu empfehlen. Sicherlich vertritt er damit ein Recht der künftigen Mensch-

heit. Ihre Größe, die Kontinuität und Kraftfülle ihrer fortschreitenden Entwicklung verdanken die strengen Wissenschaften nicht zum mindesten gerade dem Radikalismus solcher Gesinnung. Gewiß, jeder exakte Forscher bildet sich „Anschauungen“, er blickt schauend, ahnend, vermutend über das fest Begründete hinaus; aber nur in methodischer Absicht, um neue Stücke strenger Lehre zu entwerfen. Diese Stellungnahme schließt nicht aus, daß, wie der Naturforscher selbst sehr wohl weiß, Erfahrung im vorwissenschaftlichen Sinne, obschon sich verbindend mit Einsichten der Wissenschaft, innerhalb der naturwissenschaftlichen Technik eine große Rolle spielt. Die technischen Aufgaben wollen erledigt, das Haus, die Maschine soll gebaut sein; es kann nicht gewartet werden, bis die Naturwissenschaft über alles Einschlägige exakte Auskunft geben kann. Der Techniker als Praktiker entscheidet darum anders als der naturwissenschaftliche Theoretiker. Von diesem nimmt er die Lehre, aus dem Leben die „Erfahrung“.

Nicht ganz ebenso verhält es sich hinsichtlich der wissenschaftlichen Philosophie, eben weil noch nicht einmal ein Anfang wissenschaftlich strenger Lehre ausgebildet ist und die historisch überlieferte sowie die in lebendiger Entwicklung begriffene Philosophie, die für sie eintritt, höchstens ein wissenschaftliches Halbfabrikat ist oder ein ungeschiedenes Gemenge von Weltanschauung und theoretischer Erkenntnis. Andererseits können wir leider auch hier nicht warten. Die philosophische Not als Weltanschauungsnot bezwingt uns. Sie wird nur immer größer, je weiter der Umkreis positiver Wissenschaften sich dehnt. Die ungeheure Fülle wissenschaftlich „erklärter“ Tatsachen, mit denen sie uns beschenken, kann uns nicht helfen, da sie prinzipiell, mit den ganzen Wissenschaften, eine Dimension von Rätseln mit sich führen, deren Lösung uns zur Lebensfrage wird. Die Naturwissenschaften haben uns die aktuelle | Wirklichkeit, die Wirklich- 336
keit, in der wir leben, weben und sind, nicht enträtselt, an keinem einzigen Punkte. Der allgemeine Glaube, daß dies zu leisten ihre Funktion und sie nur noch nicht genug weit seien,

56 die ¦ Meinung, daß sie dies – prinzipiell – leisten können, hat sich Tieferblickenden als ein Aberglaube enthüllt. Die notwendige Sonderung zwischen Naturwissenschaft und Philosophie – als prinzipiell anders tendierter, obschon auf Naturwissenschaft in einigen Gebieten wesentlich bezogener Wissenschaft – ist auf dem Wege sich durchzusetzen und zu klären. Mit Lotze zu sprechen: „Den Weltlauf berechnen heißt nicht, ihn verstehen . Nicht besser aber sind wir daran mit den Geisteswissenschaften. Das Geistesleben der Menschheit „verstehen“ ist sicherlich eine große und schöne Sache. Aber leider kann auch dieses Verstehen uns nicht helfen und darf nicht mit dem philosophischen verwechselt werden, das uns die Welt- und Lebensrätsel enthüllen soll.

Die geistige Not unserer Zeit ist in der Tat unerträglich geworden. Wäre es doch nur die theoretische Unklarheit über den Sinn der in den Natur- und Geisteswissenschaften erforschten „Wirklichkeiten“, was unsere Ruhe störte – inwiefern nämlich in ihnen Sein im letzten Sinne erkannt, was als solches „absolutes“ Sein anzusehen und ob dergleichen überhaupt erkennbar sei. Es ist vielmehr die radikalste Lebensnot, an der wir leiden, eine Not, die an keinem Punkte unseres Lebens haltmacht. Alles Leben ist Stellungnehmen, alles Stellungnehmen steht unter einem Sollen, einer Rechtsprechung über Gültigkeit oder Ungültigkeit, nach prätendierten Normen von absoluter Geltung. Solange diese Normen unangefochten, durch keine Skepsis bedroht und verspottet waren, gab es nur eine Lebensfrage, wie ihnen praktisch am besten zu genügen sei. Wie aber jetzt, wo alle und jede Normen bestritten oder empirisch verfälscht und ihrer idealen Geltung beraubt werden? Naturalisten und Historizisten kämpfen um die Weltanschauung, und doch sind beide von verschiedenen Seiten am Werk, Ideen in Tatsachen umzudeuten und alle Wirklichkeit, alles Leben in ein unverständliches ideenloses Gemenge von „Tatsachen“ zu verwandeln. Der Aberglaube der Tatsache ist ihnen allen gemein.

Es ist sicher, daß wir nicht warten können. Wir müssen Stellung nehmen, wir müssen uns mühen, die Disharmonien in unserer Stellungnahme zur Wirklichkeit – zur Lebenswirklichkeit, die für uns Bedeutung hat, in der wir Bedeutung haben sollen – auszugleichen in einer vernünftigen, wenn auch unwissenschaftlichen „Welt- und Lebensanschauung“. Und wenn uns der Weltanschauungsphilosoph darin hilfreich ist, sollten wir es ihm nicht danken? ¦| 57; 337

Soviel Wahrheit in dem soeben Geltendgemachten liegt, sowenig wir die Erhebung und Herzerquickung missen möchten, die uns alte und neue Philosophien darbieten, so muß auf der anderen Seite darauf bestanden werden, daß wir auch der Verantwortung eingedenk bleiben, die wir hinsichtlich der Menschheit haben. Um der Zeit willen dürfen wir die Ewigkeit nicht preisgeben, unsere Not zu lindern, dürfen wir nicht Not um Nöte unseren Nachkommen als ein schließlich unausrottbares Übel vererben. Die Not stammt hier von der Wissenschaft. Aber nur Wissenschaft kann die Not, die von Wissenschaft stammt, endgültig überwinden. Löst die skeptische Kritik der Naturalisten und Historizisten die echte objektive Gültigkeit in allen Sollensgebieten in Widersinn auf; hemmen unklare, unstimmige, obschon natürlich erwachsene Begriffe der Reflexion, hemmen infolge davon vieldeutige oder verkehrte Probleme ein Verständnis der Wirklichkeit und die Möglichkeit vernünftiger Stellungnahme zu ihr; wird eine spezielle, aber für eine große Klasse von Wissenschaften erforderliche methodische Einstellung, gewohnheitsmäßig geübt, zur Unfähigkeit, in andere Einstellungen überzugehen und hängen mit solchen Vorurteilen das Gemüt bedrängende Widersinnigkeiten der Weltauffassung zusammen – so gibt es gegen diese und alle ähnlichen Übel nur ein Heilmittel: wissenschaftliche Kritik und dazu eine radikale, von unten anhebende, in sicheren Fundamenten gründende und nach strengster Methode fortschreitende Wissenschaft: die philosophische Wissenschaft, für die wir hier eintreten. Weltanschauungen können streiten, nur Wissenschaft kann entscheiden, und ihre Entscheidung trägt den Stempel Ewigkeit.

*

Also wohin immer die neue Umwendung der Philosophie sich richten mag, es ist außer Frage, daß sie den Willen auf strenge Wissenschaft nicht preisgeben darf, vielmehr sich dem praktischen Weltanschauungsstreben als theoretische Wissenschaft gegenüberstellen und sich von ihm vollbewußt *trennen* muß. Denn hier müssen auch alle Vermittlungsversuche abgelehnt werden. Vielleicht werfen ja die Befürworter der neuen Weltanschauungsphilosophie ein, daß dieser nachgehen nicht heißen müsse, die Idee strenger Wissenschaft fah-
58 ren zu lassen. Der rechte Weltanschauungsphilosoph ¦ werde nicht nur wissenschaftlich in der Grundlegung sein, nämlich alle Gegebenheiten der strengen Einzelwissenschaften als feste Bausteine brauchen, er werde auch wissenschaftliche Methode üben und jede Möglichkeit streng wissenschaftlicher Förderung der philosophischen Probleme gerne ergreifen. Nur werde er, im Gegensatz zur metaphysischen Zaghaf-
338 tigkeit und Skepsis der vorangegangenen Epoche, | mit kühnem Wagemut auch den höchsten metaphysischen Problemen nachgehen, um das Ziel einer nach Lage der Zeit Intellekt und Gemüt harmonisch befriedigenden Weltanschauung zu gewinnen.

Sofern dies als Vermittlung gemeint ist, dazu bestimmt, die Linie zwischen Weltanschauungsphilosophie und wissenschaftlicher Philosophie zu verwischen, müssen wir dagegen unsere Verwahrung einlegen. Es kann nur zu einer Verweichlichung und Schwächung des wissenschaftlichen Triebes führen und eine scheinwissenschaftliche Literatur fördern, der es an intellektueller Ehrlichkeit gebricht. Es gibt hier keine Kompromisse, hier sowenig wie in jeder anderen Wissenschaft. Theoretische Ergebnisse dürften wir nicht mehr erhoffen, wenn der Weltanschauungstrieb zum *allherrschenden* würde und durch seine wissenschaftlichen Formen auch theoretische Naturen täuschte. Wo in Jahrtausenden die größten wissenschaftlichen Geister, leidenschaftlich beherrscht vom Wissenschaftswillen, es in der Philosophie zu keinem Stück reiner Lehre gebracht haben und all das Große, das sie, wenn auch in unvollkommener Ausreifung, geleistet,

nur aus diesem Willen heraus geleistet haben, da werden die
Weltanschauungsphilosophen doch nicht meinen können, ne-
benher philosophische Wissenschaft fördern und endgültig
begründen zu können. Sie, die das Ziel im Endlichen stellen,
die ihr System haben wollen, und zeitig genug, um auch da-
nach leben zu können, sind dazu in keiner Weise berufen.
Es gibt hier nur eins: daß die Weltanschauungsphilosophie
selbst in voller Ehrlichkeit auf den Anspruch, Wissenschaft
zu sein, verzichtet und damit zugleich aufhört – was doch
sicher ihren reinen Intentionen zuwider ist –, die Geister zu
verwirren und den Fortschritt der wissenschaftlichen Philo-
sophie zu hemmen.

Ihr ideales Ziel bleibe rein die Weltanschauung, die eben
ihrem Wesen nach nicht Wissenschaft ist. Sie darf sich hierin
nicht durch jenen Wissenschaftsfanatismus beirren lassen,
der in unserer Zeit nur zu sehr verbreitet ist und der alles
nicht „wissenschaftlich-¦exakt" zu demonstrierende als „un- 59
wissenschaftlich" abwertet. Wissenschaft ist ein Wert unter
anderen, gleichberechtigten Werten. Daß insbesondere der
Wert der Weltanschauung auf eigenem Grunde durchaus
feststeht, daß sie als Habitus und Leistung der Einzelpersön-
lichkeit zu beurteilen ist, die Wissenschaft aber als kollektive
Arbeitsleistung der Forschergenerationen, das haben wir uns
oben zur Klarheit gebracht. Und wie beide ihre verschiede-
nen Quellen des Wertes haben, so ihre verschiedenen Funk-
tionen, ihre verschiedenen Weisen, zu wirken und zu lehren.
Die Weltanschauungsphilosophie lehrt, wie eben Weisheit
lehrt: Persönlichkeit wendet sich an Persönlichkeit. | Lehrend 339
darf sich daher im Stile solcher Philosophie an den weiteren
Kreis der Öffentlichkeit nur wenden, wer dazu berufen ist
durch eine besonders bedeutsame Eigenart und Eigenweis-
heit oder auch als Diener hoher praktischer – religiöser, ethi-
scher, juristischer u. a. Interessen. Die Wissenschaft aber ist
unpersönlich. Ihr Mitarbeiter bedarf nicht der Weisheit, son-
dern theoretischer Begabung. Was er beiträgt, bereichert ei-
nen Schatz ewiger Gültigkeiten, welcher der Menschheit zum
Segen gereichen muß. In einem ausnehmend hohen Maße gilt

das aber, wie wir oben sahen, von der philosophischen Wissenschaft.

Erst wenn die entschiedene Trennung der einen und anderen Philosophie sich im Zeitbewußtsein durchgesetzt hat, ist auch daran zu denken, daß die Philosophie Form und Sprache echter Wissenschaft annehme und als Unvollkommenheit erkenne, was an ihr vielfach gerühmt und gar imitiert wird – den Tiefsinn. Tiefsinn ist ein Anzeichen des Chaos, das echte Wissenschaft in einen Kosmos verwandeln will, in eine einfache, völlig klare, aufgelöste Ordnung. Echte Wissenschaft kennt, soweit ihre wirkliche Lehre reicht, keinen Tiefsinn. Jedes Stück fertiger Wissenschaft ist ein Ganzes von den Denkschritten, deren jeder unmittelbar einsichtig, also gar nicht tiefsinnig ist. Tiefsinn ist Sache der Weisheit, begriffliche Deutlichkeit und Klarheit Sache der strengen Theorie. Die Ahnungen des Tiefsinns in eindeutige rationale Gestaltungen umzuprägen, das ist der wesentliche Prozeß der Neukonstitution strenger Wissenschaften. Auch die exakten Wissenschaften hatten ihre langen Perioden des Tiefsinns, und so wie sie in den Kämpfen der Renaissance, so wird sich – das wage ich zu hoffen – die Philosophie in den Kämpfen der Gegenwart von der Stufe des Tiefsinns zu derjenigen wissenschaftlicher Klarheit durchringen. Dazu aber bedarf
60 es nur der rech¦ten Zielsicherheit und des großen, vollbewußt auf das Ziel gerichteten und alle verfügbaren wissenschaftlichen Energien anspannenden Willens. Man nennt unsere Zeit eine Zeit der *décadence*. Ich kann diesen Vorwurf nicht für gerechtfertigt halten. Man wird in der Geschichte kaum eine Zeit finden, in welcher eine solche Summe von arbeitenden Kräften in Bewegung gesetzt und mit solchem Erfolge am Werke waren. Wir mögen die Ziele nicht immer billigen; wir mögen es auch beklagen, daß in stilleren, behaglicher dahinlebenden Epochen Blüten des Geisteslebens erwuchsen, wie wir ähnliche in der unsrigen nicht finden und erhoffen können. Und doch, mag zumal das Gewollte und immer wieder Gewollte in unserer Zeit den ästhetischen Sinn abstoßen, dem die naive Schönheit des frei Erwachsenen so viel näher

geht, wie ungeheure Werte liegen doch | in der Willenssphäre, 340
wofern die großen Willen nur die rechten Ziele finden. Es hieße unserer Zeit aber sehr Unrecht tun, wenn man ihr den Willen zum Niedrigen andichten wollte. Wer den Glauben zu wecken, wer für die Größe eines Ziels Verständnis und Begeisterung zu erregen vermag, wird die Kräfte leicht finden, die sich diesem zuwenden. Ich meine, unsere Zeit ist ihrem Berufe nach eine große Zeit – nur leidet sie am Skeptizismus, der die alten, ungeklärten Ideale zersetzt hat. Und sie leidet eben darum an der zu geringen Entwicklung und Macht der Philosophie, die noch nicht weit, noch nicht wissenschaftlich genug ist, um den skeptischen Negativismus (der sich Positivismus nennt) durch den wahren Positivismus überwinden zu können. Unsere Zeit will nur an „Realitäten" glauben. Nun, ihre stärkste Realität ist die Wissenschaft, und so ist die philosophische Wissenschaft das, was unserer Zeit am meisten not tut.

Wenn wir uns aber, den Sinn unserer Zeit deutend, diesem großen Ziele zuwenden, so müssen wir uns auch klar machen, daß wir es nur in *einer* Weise erreichen können, nämlich wenn wir mit dem Radikalismus, der zum Wesen echter philosophischer Wissenschaft gehört, nichts Vorgegebenes hinnehmen, nichts Überliefertes als Anfang gelten und uns durch keinen noch so großen Namen blenden lassen, vielmehr in freier Hingabe an die Probleme selbst und die von ihnen ausgehenden Forderungen die Anfänge zu gewinnen suchen.

Gewiß bedürfen wir auch der Geschichte. Nicht in der Weise der Historiker freilich, uns in die Entwicklungszu-
sammenhänge zu ver¦lieren, in welchen die großen Philo- 61
sophien erwachsen sind, sondern um sie selbst, nach ihrem eigenen Geistesgehalt auf uns anregend wirken zu lassen. In der Tat, aus diesen historischen Philosophien strömt uns, wenn wir in sie hineinzuschauen, in die Seele ihrer Worte und Theorien zu dringen verstehen, philosophisches *Leben* entgegen, mit dem ganzen Reichtum und der Kraft lebendiger Motivationen. Aber zu Philosophen werden wir nicht durch Philosophien. Am Historischen hängenbleiben, sich

daran in historisch-kritischer Betätigung zu schaffen machen
und in eklektischer Verarbeitung oder in anachronistischer
Renaissance philosophische Wissenschaft erreichen zu wol-
len: das gibt nur hoffnungslose Versuche. *Nicht von den
Philosophien, sondern von den Sachen und Proble-
men muß der Antrieb zur Forschung ausgehen.* Phi-
losophie ist aber ihrem Wesen nach Wissenschaft von den
wahren Anfängen, von den Ursprüngen, von den *ῥιζώματα
πάντων*. Die Wissenschaft vom Radikalen muß auch in ihrem
Verfahren radikal sein, und das in jeder Hinsicht. Vor allem
darf sie nicht ruhen, bis sie *ihre* absolut klaren Anfänge,
d.i. ihre absolut klaren Probleme, die im eigenen Sinn die-
341 ser Probleme | vorgezeichneten Methoden und das unterste
Arbeitsfeld absolut klar gegebener Sachen gewonnen hat.
Nur darf man sich *nirgends* der radikalen Vorurteilslosig-
keit begeben und etwa von vornherein solche „Sachen" mit
empirischen „Tatsachen" identifizieren, also sich gegenüber
den Ideen blind stellen, die doch in so großem Umfang in
unmittelbarer Anschauung absolut gegeben sind. Wir stehen
zu sehr unter dem Banne von Vorurteilen, die noch aus der
Renaissance stammen. Dem wahrhaft Vorurteilslosen ist es
gleichgültig, ob eine Feststellung von Kant oder Thomas
von Aquino, ob sie von Darwin oder von Aristoteles, von
Helmholtz oder Paracelsus herstamme. Es bedarf nicht der
Forderung, mit eigenen Augen zu sehen, vielmehr: das Gese-
hene nicht unter dem Zwange der Vorurteile wegzudeuten.
Da in den eindrucksvollsten Wissenschaften der Neuzeit,
den mathematisch-physikalischen, der äußerlich größte Teil
der Arbeit nach indirekten Methoden erfolgt, sind wir nur
zu sehr geneigt, indirekte Methoden zu überschätzen und
den Wert direkter Erfassungen zu mißkennen. Es liegt aber
gerade im Wesen der Philosophie, sofern sie auf die letzten
Ursprünge zurückgeht, daß ihre wissenschaftliche Arbeit sich
in Sphären direkter Intuition bewegt, und es ist der größte
Schritt, den unsere Zeit zu machen hat, zu erkennen, daß mit
62 der im rechten ¦ Sinne philosophischen Intuition, der *phäno-
menologischen Wesenserfassung*, ein endloses Arbeits-

feld sich auftut und eine Wissenschaft, die ohne alle indirekt symbolisierenden und mathematisierenden Methoden, ohne den Apparat der Schlüsse und Beweise, doch eine Fülle strengster und für alle weitere Philosophie entscheidender Erkenntnisse gewinnt.

# PERSONENREGISTER

Die Seitenangaben beziehen sich auf die Paginierung von Husserliana XXV (S. 3–62), die in der vorliegenden Ausgabe am Rand mitgeführt wird. Angaben mit * verweisen auf Fußnoten.

# SACHREGISTER

# *Edmund Husserl*

**Cartesianische Meditationen**
*Eine Einleitung in die Phänomenologie*
PhB 291. XXXIV, 172 Seiten.
978-3-7873-1241-2. Kart.

**Die Idee der Phänomenologie**
*Fünf Vorlesungen. Text nach Husserliana, Bd.* II
PhB 392. XLVI, 88 Seiten.
978-3-7873-0685-5. Kart.

**Die Konstitution der geistigen Welt**
*Text n. Husserliana, Bd.* IV
PhB 369. XLIV, 145 Seiten.
978-3-7873-0618-3. Kart.

**Die Krisis der europäischen Wissenschaften und die transzendentale Phänomenologie**
*Eine Einleitung in die phänomenologische Philosophie*
PhB 292. XXXV, 119 Seiten.
978-3-7873-1297-9. Kart.

**Die Phänomenologie und die Fundamente der Wissenschaften**
*Text n. Husserliana, Bd.* V
PhB 393. XXXV, 114 Seiten.
978-3-7873-0686-2. Kart.

**Ding und Raum**
Vorlesungen 1907
*Text n. Husserliana, Bd.* XVI
PhB 437. LXXXII, 316 Seiten.
978-3-7873-1013-5. Kart.

**Erfahrung und Urteil**
*Untersuchungen zur Genealogie der Logik*
PhB 280. XXVIII, 492 Seiten.
978-3-7873-1352-5. Kart.

**Grundprobleme der Phänomenologie (1910/1911)**
*Text n. Husserliana, Bd.* XIII
PhB 348. XIII, 144 Seiten.
978-3-7873-1102-6. Kart.

**Ideen zu einer reinen Phänomenologie und phänomenologischen Philosophie**
PhB 602. XXXVIII, 424 Seiten.
978-3-7873-1919-0. Kart.

**Logische Untersuchungen**
PhB 601. LXXIV, 1.076 Seiten.
978-3-7873-1893-3. Kart.

**Phantasie und Bildbewußtsein**
*Nach Husserliana, Bd.* XXIII
PhB 576. L, 256 Seiten.
978-3-7873-1771-4. Kart.

**Phänomenologische Psychologie**
*Text nach Husserliana, Bd.* IX
PhB 538. XXX, 234 Seiten.
978-3-7873-1603-8. Kart.

**Texte zur Phänomenologie des inneren Zeitbewußtseins (1893–1917)**
*Text nach Husserliana, Bd.* X
PhB 362. LXXVII, 255 Seiten.
978-3-7873-0597-1. Kart.